古代书法家那些事儿

◎王迪 蔚广玉／著

中原出版传媒集团
大地传媒

河南美术出版社
·郑州·

目录

序言
感受宣纸上的墨动

　　不知道为什么，每当我目光触及到一些染了墨迹的宣纸的时候，总会不由自主地眼睛发热，甚至落泪。那些带有生命的线条，那些飞舞着的墨迹，总能够刺激着我的心律，引起一阵莫名的悸动。我一直相信，真正的书法家，不会被死亡湮灭；至情至性的人，不会被历史遗忘。他们的性情，他们的生命与他们的书法作品，将永远活在历史的血脉里。

　　书法于中国人是什么？是工具，是艺术，或是图腾？远古时期，当人们创造出文字的时候，我想，那一定是欣喜若狂的场面，再也不必结绳记事了。这些线条承载着先民的希望与智慧，承载着文化开拓者的历史与理想。先民们在兽骨或龟甲上刻写，整饬与洒落，被称为"甲骨文"。他们在铸造的金属器物上刻下精美的文字，他们也在石头上留下历史的印迹，后世之人称之为"金石之书"。我们的祖先不断在拓展着承载文字的载体：竹简、缣帛、丝绢，我们称它们"简牍"与"帛书"。当造纸术在这片土地上流行的时候，历史便给文字的舞蹈提供了更加广阔的舞台。大篆、小篆、隶书、楷书、行书、草书……这些书体无不演绎着文字的艺术，演绎着人的性情与品格，演绎着华夏民族的智慧与理想。于是，书法就有了悠久的历史，也给予我们太多持久的享受。那些划时代的人，那些先贤让我们难以忘怀。

书法史是复杂而漫长的。那些代表性的书法家，更值得我们关注，这种关注是不会随着朝代的更迭演变而消沉。譬如，以刚烈著称于史的颜真卿，面对叛军不惧，自撰墓志铭，死得轰轰烈烈，他的书法被后人以他的姓氏命名为"颜体"；再如委曲求全的赵孟頫，不为形式所囿，将他的书法推至了顶级的高度；还如放荡不羁的王献之，我行我素，将书法与性情融入到了无我的境界……他们的性情与他们的书法成就已经融为一体，载入史册而流传百世，成为了书法史中之经典。与此相对应的还有另外一些书法家，譬如秦桧、蔡京、严嵩，虽然字写得"不恶"，但是他们祸国殃民的罪行让人无法宽恕而遗臭万年，连累至他们的书法也不为世人所重。但是中华书法史的复杂之处正在于此：书法并不是除了忠烈就是奸佞。比如小篆的创制者秦丞相李斯，即使背负着"老鼠法则"，却也不能忽视他的书法成就；一臣事二主的赵孟頫，则是书法史上无以比拟的人物。

在历史上，捉笔写字是文人雅士最基本的技能，不会写字，岂能担当起读书人这样的称号！在古代科举考试中，写得一手好字，是进入仕途的前提。书写不佳，是无法与仕途结缘的。明代的董其昌在这一方面吃了大亏，他的字写得是有点儿差，本来以他的文笔在乡试考试中是可以拿到第一名的，后来却被自己的亲侄子挤了下来。不过话又说回来，现代人写的字又有几个能够比得上他呢？

电脑普及化的今天，未让中国艺术——书法得以很好地继承与发扬。欲将书法写得好，写得有温度、有生命，使人过目不忘，临习前人的书法是其中一条"取道"的幽径，不临习很难见真功夫。真正的书法不仅仅只是手临，还应当心摹。如果说手临只是学其皮毛的话，那么心摹就是取其精华的手段，不仅将传统优质的书法技能临习到手，还应该将人家的情思与情感了然于心，充实自己的性情、思想与知识，吐自己的真言，写自己的真字，将自己融入到无我的境界之中。

　　中国传世书法，随便翻翻看看，没有一件作品是在写他人的句子。甚至一些书法作品，按现在的常理来说，还不能够称得上是"作品"，也算不得"书法作品"，比如颜真卿的《祭侄文稿》、王献之的《鸭头丸》、怀素的《苦笋帖》……事实上这些只是在不经意间书写的手札罢了。正是这些人世间突发而来的偶然性，浸透着书法家最自然、最和谐、最真切的人生情感，在宣纸的外衣之下感受着墨迹的温度。

　　《祭侄文稿》是颜真卿为他惨遭叛军杀害的侄子季明所写的一篇祭文。在这篇书法作品中，饱含着颜真卿对失去亲人的悲伤与怀念，对安禄山等叛军的愤慨，在声泪俱下中，一气呵成。书者悲愤痛彻的心情与精湛的笔墨技巧交融在一起，抑扬顿挫的线条如同心电图一样反映着书者的情绪。

　　在古代浩如烟海、密麻如林的心摹手追者中，也涌现出了不少书法大家，他们无不用毕生精力追求完美的艺术境界，譬如人们所熟知的张芝临池，池水尽黑；锺繇以手画被，布被戳穿；智永禅师退笔成冢……这些无不体现着书家对艺术真谛的执着追求。

　　书法，作为文字的象形，在出现伊始，是为要突出所书事物的特点，而并非要把事物的全貌描绘出来。因此，社会生活与大自然中的美，譬如高山险峻、白云飘逸、舞姿柔媚等也慢慢地渗入到了书法艺术的生命中，形成了令人心醉神迷的"意境"和艺术的要素——"神韵"与"情趣"。怀素看到公孙大娘舞剑器后得真知，黄庭坚看到船夫荡桨悟出了笔法，书法艺术中点点滴滴的真谛，无不掩藏在细枝末节的生活之中。

　　正因为书法有生命、有魅力，当我们在欣赏一幅书法作品的时候，她那匀称美妙的结构、浓淡协调的墨色、遒劲生动的笔法，唤起了我们高雅的情趣，从中我们获得感官和精神上的愉悦享受。书法中有着曼妙的身姿，充盈着动态的美，这一点是其他艺术所不能够取代的。王羲之的尽善尽美、欧阳询的险劲峭拔、颜真卿的遒婉严整、苏轼的天真烂漫、米芾的八面出锋……这些都在历史的长河中熠熠闪耀。

　　其实，真正的书法，不用求佳乃佳，一切出神入化，有境界实无境界，这就是最高境界。清代李健的《书通》说："书品视其人品。"也有人说："言者，心之迹也""言为心声，书为心画""文如其人"……这些都表明，从一个人的言语、文字就可以看出一个人的性情、爱好、修养与精神状况。学习书法，可以对上述方面起到潜移默化的作用。王羲之说："凡书贵于沉静，令意在笔前，字居心后，未作之始，结思成矣。"（《右军书法》）所谓"意在笔先"与气功中的"意念"有着异曲同工之妙，运丹田之心气到手腕，到笔端，全篇贯通，一气呵成。那么，练习书法还有另外一个优点，即培养恒心与毅力。正因为此，历代书法家大都性情高雅，多为长寿老人。由此可见书法不仅具有艺术的魅力，还具有着养生之功效。

在斗室之间悬挂一帧好的书法作品，会给人以庄重、典雅的感觉，堂室顿觉生辉。走在大街上，各种五颜六色、书体各异的招牌是繁华世界一道亮丽的风景。书法就像爱情，悄无声息地走进我们的生活，不唐突、不兀然。你在或不在，她就在那里，装点着你我的世俗生活。苏东坡诗云："荼蘼不争春，寂寞开最晚。"何苦等到开到荼蘼花事了，才要领悟到书法艺术的真谛？艺术的美总会吸引着人的目光，让人沉溺于其中无法自拔。书法艺术之于我们的生活，更多的人也将其视为一种业余爱好而乐此不疲，作为中国传统文化的书法艺术更显出其独特的魅力。

书写这本书，是为读者，也为自己，为那些被历史渐渐淡忘的人们。他们的光芒不应该被历史的灰尘所埋没。他们的温度、他们的性情，即使现在是默无声息，也不应当就此沉沦，因为他们的闪光点值得活在我们的世界里！

这本书所收录的是自秦代至清代的二十位顶级书法家。诚然，历史上的著名书法家不止这些，正如前面所说的，有些并未为后世留下传世墨迹而只好将他们放下，但在这里并没有否认他们在书法历史上所作的贡献。本书中不论出于褒或是贬，都属于个人见解，也并无其他意图。编写这本书，深感重重压力，努力将这些古代的书法大家的事迹与代表作品整理详细。我知道在这本书中还有着不尽完善之处，敬请各位读者给予批评与谅解。

李斯（约公元前280—公元前208）
成就的不只是历史地位，更有书艺高度

如果绚烂之极便是归于平淡的话，那么还会有另一种可能，便是物极必反。李斯，一个辅佐秦始皇成就春秋霸业的政治家，由最初默默无名的小辈一步步走向繁华。假如他在秦始皇死去之后，依然坚持自己的职业操守，是否又是另一番光景？

　　李斯在中国书法史上可算是出类拔萃的人了，他被后人所铭记的不单单是政治上的作为。作为秦国最伟大的书法家，他创立小篆，统一了中国文字，在中国历史长卷上书写出了最为辉煌的一笔。李斯人生有三大转折点：首先，他拜荀子为师；其次，他辅佐嬴政；第三，得罪了赵高。人生的转角也不外乎有高人指点，贵人相助，小人拆台，李斯恰恰将这三者都占了去。不管是成于嬴政，还是败于赵高，褪去惹人纷议的政治家的外衣，他依然是伟大的书法家。

　　年轻时的李斯，在郡府担任小吏职位，做着一些对乡中的文书资料整理、打包的工作。然而平凡稳定的岗位满足不了李斯的野心，他一直为自己这把上好的宰牛刀不是用来杀鸡而整日郁郁寡欢。有一天，他看到自己单位厕所中有老鼠紧张兮兮地找食物吃。暂且不管这位仁兄是因为偶尔路过这里，还是由于前一天晚上着了凉拉肚子慌忙来到这儿，他看见一只老鼠，老鼠一见到他就慌张逃走，此后他还留意，这里的老鼠只要一见到人或狗便会落荒而逃。所有的这些并未给李斯太多心理上的刺激。直到有一次他来到了仓库，仓库是有粮食的地方，有粮食的地儿就是老鼠的家。他看到这里的老鼠饱食无忧，吃的是干净的粮食，住的是宽敞的大屋子，最重要的是还没有人或狗来惊扰它们。李斯顿时心生无限感慨："人和老鼠其实并没有什么两样，是饱食优游还是忍饥受怕全凭他所处的环境而决定啊。"这种念头的萌生，也激发他放弃小吏之位外出闯荡的决心。这就是后人常言的李斯的处世哲学"老鼠哲学"。老鼠是什么形象呢？不外乎在人们心中是肮脏的、卑劣的、偷别人粮食的，老鼠一过街，人人都喊打。那么秉信"老鼠哲学"的李斯，命运里背负"老鼠"的阴影也就是意料之中的事情了。

努力远远不及选择的十分之一。弃职闯荡的李斯选择跟随先秦最后一位儒学家荀子学习。李斯深知知识能够改变命运，不学习自己仍会是穷屌丝一个，自己的鸿雁之志将会如镜花水月一般遥遥无期。此时的荀子已经严重偏向于法家的思想，与李斯同师于荀子的还有后来法家的集大成者韩非子，这二人都得荀子思想的真传。正是李斯在这里领悟到的思想精髓，才指引着他后来走向秦国，发展出一片天地。学成之后，李斯向荀子辞行，他说："人生在世，骂人最恶毒的话莫过于说人卑贱，而最大的悲哀莫过于陷于穷困。长久地处于卑贱的地位、穷困的境地，经常攻击当世和作出厌恶名利的样子，自我标榜是清静无为，这不是做士、做君子的修养作为。所以我将要向西游说秦王去了。"这是非常现实、非常实际的话，我也认为是非常有道理的，正所谓世事洞明皆学问。理解世间规律，洞察人生百态，就会发现这个社会并非是人人平等、众生平等的。然而社会上仍不乏不准备成功的，这些人从内到外还没有锻炼好自己的心智，即使年龄已经被社会标榜为成年，却碌碌无为，仓促一生。虽然被社会上一股成功感裹挟，停下来喘口气仍会觉得不安，却从未发现自己身上的无限可能。

泰山不让土壤，故能成其大；海水不择细流，故能就其深；王者不缺众庶，故能明其德……

这是著名的李斯上书秦始皇的《谏逐客书》中开篇的一句话，充分显示出他已经达到"人情达练即文章"的水准了。此时的李斯作为楚国人士，面对始皇帝下的逐客令，身在被逐之列，深知这一离去就再也没有机会完成自己的心愿了，打心底不甘心就这样黯然离去。于是他站在秦国的角度权衡利弊，眼光独到地分析时势，他也看准嬴政是一位具有政治头脑和战略眼光的皇帝，因此写下这篇流芳百世的《谏逐客书》，建议嬴政为君"有容乃大"，才可达到民富国强。谏文中李斯还反问嬴政："为什么来源于东方各国的美女、宝马、珍珠这些好东西可以用，而其他的东西就要撵走，这不就是你看重了某些东西的价值了吗！然而你却对人才不加以收藏，这样只会增强各国的力量，不利于秦国统一六国啊。"文章使用多种修辞手法，时而排比、时而设问、时而对偶，辞藻华丽、语言优美，抑扬顿挫，具有音乐美，有着明显辞赋化倾向。不出所料，秦始皇果然被这篇文章打动了，他听从了李斯的建议，取消逐客令，开始重用李斯。正是因这一次的进谏，李斯的仕途开始顺风顺水。

使人念念不忘的是李斯作为宰相期间所实施的统一货币、度量衡、法律等一系列的改革，其中贡献最大的莫过于统一文字了。

在秦统一之前，各诸侯国的文字五花八门，《金文篇》有记载："宝"字有194种写法，"眉"字有104种写法，极不便于交流。面对文字方面的诸多差异与杂乱无章，公元前221年，秦始皇接受李斯"书同文字"的建议，在全国开始禁止使用六国的古文字，规定秦篆作为统一使用的文字。中国的文字早在新石器时期就初见端倪，彩陶刻画文字、商代的甲骨文、西周的金文……到了战国时期，由于群雄割据，"诸侯力政，不统于王，恶礼乐之害己而皆去其典籍"，因而出现了"言语异声，文字异形"的现象。甚至是一个读音、一种写法的字，到了这时，便出现多种不同读音和写法。统一后的秦国，急需一套统一的官方文字，于是李斯等人就在大篆的基础上，吸收六国古文中的合理成分，删繁就简、推陈出新，创立了秦篆——小篆。为推广统一文字，李斯亲自创作出《仓颉篇》，共七章，一句话有四个字，作为学习课本，便于人们临摹。

不仅仅只有上层阶级才有创造思维，高手往往就出于民间。在李斯推行秦篆的同时，一位名叫程邈的小官吏也创造出了一种书体。或许是由于人微言轻，没有把它普及的缘故，或者因为其他原因，以至后来这个"果子"被李斯摘了去。李斯听说程邈创造了一种书体，便差人拿来观赏，看过之后甚觉得有可利用的价值，于是就在秦篆的基础上进行采用，打破了秦篆曲里拐弯的形态结构，形成新的书体——隶书。这一书体很快也广为流行。

李斯创造的篆书、隶书别具一格，不仅深受后人的喜爱，就连历代帝王也特别钟情。相传秦始皇在灭掉六国统一中国后，得到了一块和氏璧（另一说是蓝田玉），立即命人将这块玉雕刻成传国玉玺，之后命令丞相李斯在这块玉上写下"受命于天，既寿永昌"八个鸟虫篆字，再由玉匠孙寿把字刻在上面。后来这八个字就成为历代王朝正统的象征了。

受命于天，既寿永昌

好运一直在眷顾着李斯，嬴政对他很是器重，升职涨薪不说，甚至求仙的旅途也要求他作为自己的私人助理伴随身旁。李斯作为秦国最伟大的书法家，留存后世的书法遗存，是同秦始皇一起出巡时写下刻于石崖上的，这些都是秦始皇命令他写的歌功颂德的碑文。秦始皇也是一个耐不住寂寞的主儿，赢了天下之后，拉着李斯，先后五次巡行天下各郡县。其中自始皇二十八年（公元前219年）至三十七年（公元前210年）的四次巡行中，都会命令李斯刻石记功，共计有七处，包括《邹峄山刻石》《泰山刻石》《琅琊台刻石》《芝罘刻石》《东观刻石》《碣石刻石》和《会稽刻石》。

《泰山刻石》又名《封泰山碑》，顾名思义是刻在泰山石上的碑文。它作为秦篆的代表作之一，历代对它有着很高的评价。唐代张怀瓘说："《泰山》《峄山》秦望等碑并其遗迹，亦谓传国之伟宝，百代之法式。"李嗣真说："秦相刻铭，烂若舒锦。"南朝袁昂说："李斯书世为冠盖，不易施平。"明代赵宧光说："秦斯为古今宗匠，书法至此，无以加矣。"元赫经说："拳如钗股直如筋，曲铁碾玉秀且奇。千年瘦劲益飞动，回视诸家肥更痴。"鲁迅说："质而能壮，实汉晋碑铭所从出也。"

《泰山刻石》有着较高的艺术价值与历史价值。书法浑朴端宁，字形修长婉转，结构左右对称，线条圆健似铁。从其书法艺术的整体来看，用笔优美与结体整齐是两大突出的特征。在用笔上力求字体精美、骨肉匀称、含蓄委婉。秦小篆线条粗细均匀，转折处流利飘逸，藏头护尾，于委婉含蓄中隐然透有骨力充沛之气，于平稳骨力之中时出飞云流水的生机。"画如铁石，字若飞动"。在结体上整齐划一，要比甲

泰山刻石

会稽刻石

骨金文以至长《石鼓文》更加简练，保留着象形文字的特征。大小相仿，力求字体面目突出，利于分辨。给人以规矩、以美、以威严的感觉，不再有古拙任性的风韵。同时意味着书体的成熟，也意味着由此必将走向衰退。严之极必死，必走向它的反面。

到宋政和四年（1114年）《泰山刻石》可认读的字有146个，已剥蚀了76个字。明嘉靖年间，此碑刻移置碧霞元君宫东庑，当时仅存二世诏书29个字。清乾隆五年（1740年），因为火灾，刻石不见了。直到嘉庆二十年（1815年），蒋因培才从池中将它捞出，当时已经断为两半儿了，仅存有10字。经过漫长时间的洗礼，泰山刻石仅存9字。残石现藏于山东泰安岱庙内，已被国家定为一级文物。

还有另外一件秦篆代表作，是李斯在始皇三十七年（公元前210年）所作最后一件碑文《会稽刻石》。释文：

皇帝休烈，平一宇内，德惠修长。卅有七年，亲巡天下，周览四方。遂登会稽，宣省习俗，黔首斋庄。群臣诵功，本原事迹，追首高明。秦圣临国，始定刑名，显陈旧章。初平法式，审别职任，以立恒常。六王专倍，贪戾傲猛，率众自强。暴虐恣行，负力而骄，数动甲兵。阴通间使，以事合从，行为辟方。内饰诈谋，外来侵边，遂起祸殃。义威诛之，殄熄暴悖，乱贼灭亡。

圣德广密，六合之中，被泽无疆。皇帝并宇，兼听万事，远近毕清。运理群物，考验事实，各载其名。贵贱并通，善否陈前，靡有隐情。饰省宣义，有子而嫁，倍死不贞。防隔内外，禁止淫泆，男女洁诚。夫为寄猳，杀之无罪，男秉义程。妻为逃嫁，子不得母，咸化廉清。大治濯俗，天下承风，蒙被休经。皆遵度轨，和安敦勉，莫不顺令。黔首修洁，人乐同则，嘉保太平。后敬奉法，常治无极，舆舟不倾。从臣诵烈，请刻此石，光垂休铭。

全文赞美之辞溢于言表，暂且先不管这篇铭文是如何的言简意赅、褒扬充分。从其书法艺术角度来看，该碑刻字体体貌庄重、气度雄浑，颇显质朴廉劲之风。结体工整，左右匀称，字面突出，线条匀称委婉，于含蓄修长之中不失筋骨之气。

刘勰于《文心雕龙》中不只一处称赞。《封禅》中曰："秦皇铭岱，文自李斯，法家辞气，体乏弘润。然疏而能壮，亦彼时之绝采也。"《箴铭》中曰："至于秦皇勒岳，政暴而文泽，亦有疏通之美焉。"

《会稽刻石》现存多种版本，以1341年绍兴申屠驷以家藏旧本摹刻成碑为例，这件碑石遗存到现在，已有磨损的痕迹，碑高2.2米，宽1米，上刻小篆12行，每行24字，碑文的内容与《史记》中所记载的略有几个字不同外，别的并无太大差异。此后虽经几度复摹，从字里行间也能够窥见秦篆的神韵。

锺繇（151—230）
钟情书艺的痴人

假如书法是一位女子，那么锺繇便是一位非常钟情的人。每一次翻阅锺繇的书帖，我都会莫名涌现出一股感动，佩服这个人的执着与坚守。他小心翼翼地守护着这位"女子"，将这位"女子"书写得优雅而隽永，犹如江南古镇小巷中缓缓走来的姑娘，端庄而又娴雅，清新而又妩媚……只恐怕这世上，再没有人能够比得上锺繇的"痴情"了吧？

传说中的锺繇也是一位美男子，幼年时聪明过人。有一次与他的叔叔锺瑜去洛阳，半道上遇到了一位相面的人，这个人一看到锺繇，便对锺瑜说："这个孩子面相富贵，但是不久却有着一个水淹的厄运，应当尽力去避免它。"锺瑜听后莞尔一笑，就没太在意。结果，走了不到十里路，路过一座桥时，锺繇的马突然惊慌，将他掀翻到了水里，差点丧命。看到相面人的预言应验，锺瑜便觉得他的这个侄子将来一定会有出息，于是就悉心培养这位祖国的花朵。锺繇也是一个有出息的孩子，刻苦用功，不负众望，长大后就被颖川太守阴修推荐为孝廉做了尚书郎。后来董卓之乱时，锺繇跟随曹操平乱，献计献策，深得曹操重用。后来董卓挟持献帝刘协，锺繇与尚书郎韩斌一同冒险将刘协救出长安，为曹操的作战赢得了主动。这里并不是要细讲锺繇的历史，要说的关键是锺繇与曹操之间有着非同一般的交情。在这里需要提一提的是曹操，曹操的爱才与大度。曹操是一个性情豁达的人，非常爱惜人才，渴求知己，他对钟繇的才情，亦是仰慕的。

三国时期，曹操的手下有一个叫魏种的人。曹操有一段时间特别不顺，特别倒霉。当时许多手下的人都背叛了他，曹操依然淡定地说："让他们走吧，我的人是不会走完的，比如说魏种他就不会背叛我。"可后来呢，连魏种也背叛了他。曹操那个气啊。曹操说："好你个魏种，你也敢背叛我，你要有本事就跑到天涯海角去，北边你有本事跑到匈奴去，南边你有本事就跑到越南去。只要你跑不了那么远我就把你抓回来，抓回来就饶不了你。"后来的后来，魏种在一次战斗中被曹操抓住了，俘了回来。当时所有人都替魏种捏了一把汗，说这次魏种死定了，曹操非杀了他不可。曹操怎样做？曹操一想就算了，魏种是个人才，杀了怪可惜的，于是就放了，以后该作什么官还作什么官吧。这就是曹操的宽容啊。

唐代张彦远《法书要录·笔法传授人名》说：

蔡邕受于神人，而传与崔瑗及女文姬，文姬传之钟繇，钟繇传之卫夫人，卫夫人传之王羲之，王羲之传之王献之。

钟繇是蔡邕的第二传人，他于书法艺术甚至达到痴迷的程度……

还记得有人疯狂掘墓的举动吗？一代德高望重的书法名家，不是报复墓中已死去的人，也不是盗取里面的金银财宝，只是为了取得一本小册子——书法秘笈《笔法》。相传，书法家蔡邕写了一本书法心得，名曰《笔法》，不去深究这本秘籍最终是流传给了韦诞，还是被他"无所不用其极"后获得，然而得到这本书的人，无疑于习武之人获得了武功秘籍，学习医术的人得到了祖传秘方。但是韦诞获得了"秘籍"之后就一直藏着掖着，不给外人看，自己一人在家里练习。一次众友人相聚，钟繇无意间看到韦诞座位上放着蔡邕的这本书，于是就向他借书，请求一看。韦诞也真够固执、小气的，道相同却不与之相谋，钟繇多次苦苦相求也不借给他看。钟繇那个气啊，捶胸顿足，胸部都捶青了，口吐鲜血，曹操用了五灵丹才将他救过来。终于等到韦诞死了，钟繇再也忍不住他"蓄谋已久"的疯狂掘墓，将《笔法》从棺材里扒拉了出来。此后，锺繇就对蔡邕的《笔法》潜心研究，果然书法大进。传说里的人大多是与我们有距离的，在这里就要感慨一下锺繇的可爱了，锺繇对书法的痴迷，与我们的生命却有着不言而喻的亲近之感。

物以类聚，人以群分。痴爱书法的锺繇自然同爱好书法的曹操关系要好。锺繇对书法的练习更是竭精殚智，甚至传为一段佳话呢。白天常常与众多当时书法名家如曹操、韦诞、邯郸淳等人研习书法，探讨书艺，偶来神思灵感的时候，就用手指在地上画字。这还不算，尤其得到蔡邕的《笔法》后，更是达到了一种痴迷的境界。晚上睡觉的时候还经常拿手指在被子上练习，这一天两天也就没什么，可是时间久了，连被子也被他画破了。天长地久有时尽，此恨绵绵无绝期。面对这样一位"多情"的人，我们相比之下，又有何颜面回首直视自己曾经无法坚持的那份守护呢？生命应当有所坚持呵！

我们应该去感激历史上有这么一位痴迷于书法的锺繇。因为他，才有了今天供我们赏心悦目的楷书；因为他，使我们迷恋的方方正正的汉字也可以写得这么雅致；因为他，使我明白原来执着的书法也可以如此可爱。

在历史上，锺繇是楷书创作第一人，被后世称为"楷书鼻祖"。锺繇与东汉的张芝被后人称之为"锺张"，与东晋书圣王羲之合称为"锺王"，又和大书法家胡昭秉并称为"胡肥锺瘦"。锺繇善多种书体，写得最好的就是楷书，张怀瓘说："元常真书绝世，乃过于师，刚柔备焉。点画之间，多有异趣，可谓幽深无际，古雅有余。秦汉以来，一人而已。"锺繇书法的高度，古代书法理论家给出了最好的评价。锺繇书法于东晋时期就已亡佚，流传于世的要么是临摹本，要么就是伪书。

"五表"是锺繇书法艺术性最高的作品。锺繇的真迹已经失传，今天所见的《宣示表》刻本，相传是王羲之所临摹本。王羲之后人王僧虔《论书》说：太傅《宣示》墨迹，为丞相始兴（王导）宝爱，丧乱狼狈，犹以此表置衣带。过江后，在右军处，右军借王修，修死，其母以其子平生所爱纳诸棺中，遂不传。所传者乃右军临本。

相传《宣示》真迹，为当时钟爱此帖之人王导收藏，在东渡时缝在自己的衣

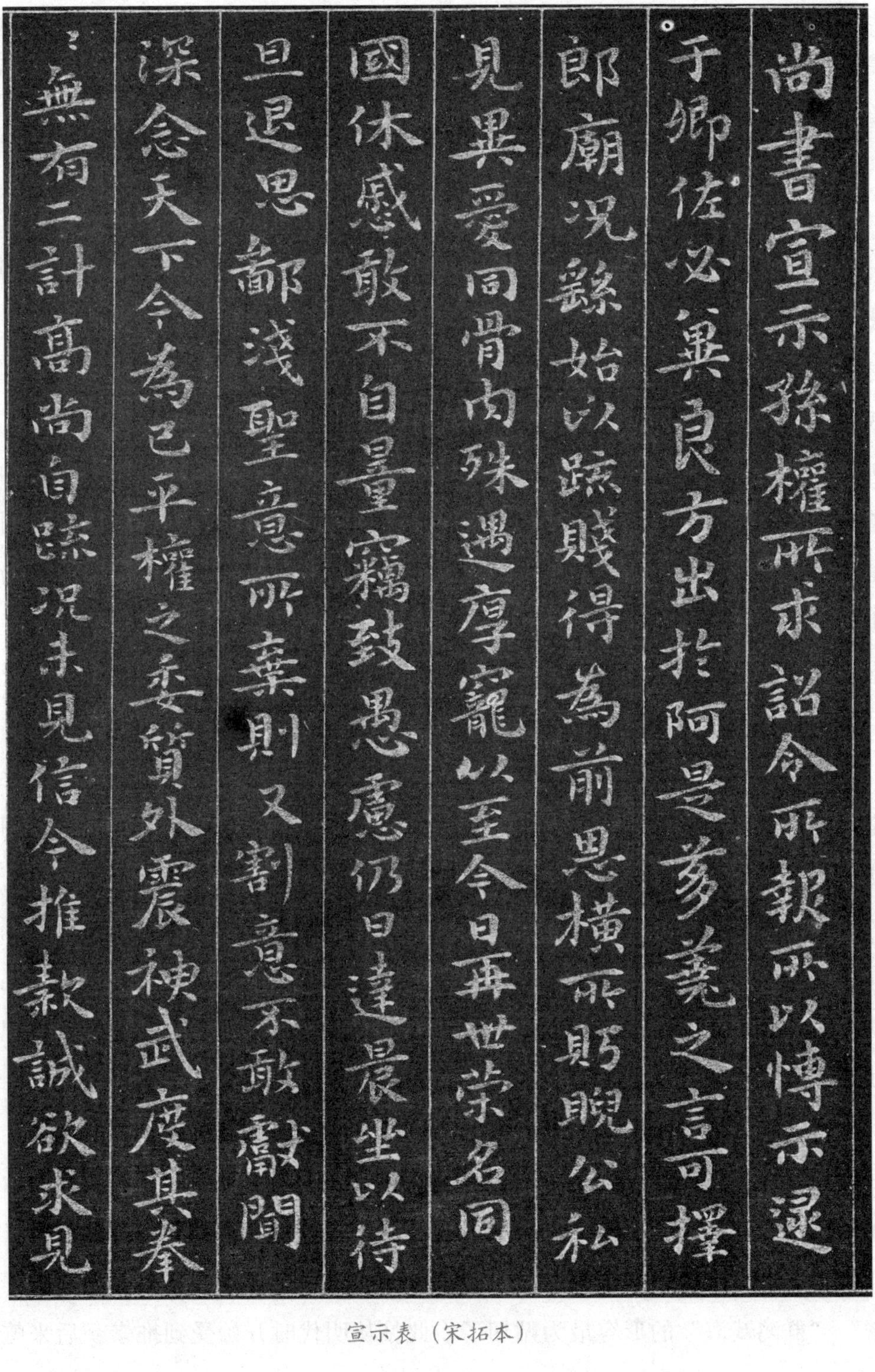

尚書宣示孫權所求詔令所報所以博示逮

于卿佐必異良方出於阿是芽羲之言可擇

郎廟況縣始以踈賤得為前思横所貺眡公私

見異愛同骨肉殊遇厚寵以至今日再世崇名同

國休感敢不自量竊致愚慮仍日達晨坐以待

旦退思鄙淺聖意所棄則又割意不敢獻聞

深念天下今為已平權之委質外震神武度其拳

彼無有二計高尚自疎況未見信令推款誠欲求見

宣示表（宋拓本）

衫里带走了，后来传给了逸少（王羲之），逸少又传给了王修，王修死后，这部真迹便随着他陪葬了。此后世上所流传的版本皆为逸少的摹本。由王羲之临摹锺繇的真迹，那么所临摹的字体是最接近真迹的笔法，从中也易管窥锺繇书法的神韵。

此帖相比较于锺繇的其他作品，不论在笔法上，亦或字体的结构上，都充分显示出一种较为成熟的楷书体态与韵味。点画之间，遒劲有力，字体宽博，多为扁方，笔法浑厚，雍容自然。字的撇脚处有着较为浓厚的隶书波磔意趣，甚为古雅，充分显示了魏晋时代的书法正走向成熟楷书的艺术特征。此帖的风貌对后来王羲之、王献之小楷风格的形成有着直接的影响，从《黄庭经》《洛神赋十三图》等作品中可以明显看出。此影响也远远波及元、明、清三代的小楷创作。这还不算什么，最主要的意义在于，这一书帖所具有的点画法则、结体规律等直接推进了楷书高峰——唐楷的到来。在书法发展史上，唐楷为隶书向楷书的演变有牵针引线、建桥搭梁的功劳。因此，锺繇的《宣示表》说是楷书艺术的鼻祖一点也不为过。今天所存的只有刻本，始见于宋拓本《淳化阁帖》为最佳，现藏于北京故宫博物院。

陆行直说："繇《荐季直表》高古纯朴，超妙入神，无晋唐插花美女之态。"王世贞说："天下之学锺者，不再知有《淳化阁》。"（指《淳化阁》所载锺繇诸刻帖）。

《荐季直表》是锺繇书写于魏黄初二年（221年），楷书。此表是锺繇向高祖曹丕推荐旧臣季直的表奏。此帖内容上说季直曾为曹魏政权建立立过大功，罢官后生活十分艰苦。锺繇提议季直身体还很好，何不给他个一官半职，使他继续为国效劳，也能解决生活上的困难。

此帖或是唐代人根据真迹临摹，亦或是伪托，但也确实属于"好伪物"。仔细观摩这一书帖，笔画之间，结体字形，都非常的流畅自然，章法错落有致。布局空灵生动，结体舒朗、体势扁胖，尚有隶意。虽然微微透露着稚嫩气息，不如晋唐书体的工整划一，却也生趣盎然，给人以妙不可言之感。梁武帝"行间茂密""群鸿戏海"的形容最为贴切了。此帖从明代时开始受到推崇，后来乾隆

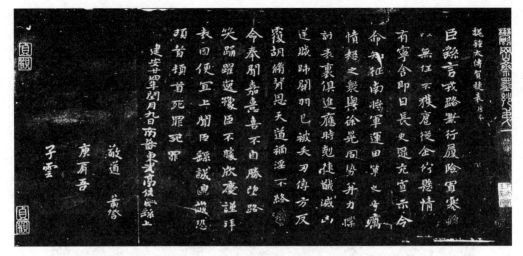

荐季直表

皇帝得到此宝物，认为是"无上的法宝"，但这件作品却是后代伪作的。字体古朴，也别具韵味，相传此帖是锺繇70岁高龄时所作。由于具有锺繇书法艺术的基本特征与较高的艺术价值，故而受到历代书界的高度重视与评价。这一"伪作"墨迹原属圆明园收藏，于1860年英法联军焚掠圆明园时流失。后来辗转落入一位收藏家手中，又被小偷窃去埋到了地下，挖掘出来时已经腐烂。

《荐季直表》历代刻本版本众多，以明代无锡华氏所刻《真赏斋帖》的版本最为传神，其他版本都较为逊色。尽管《三希堂法帖》是依照原墨摹刻，但刻时为适应石块规格将字稍作移动，使其间最具魅力的"行间茂密"的精神受损，所以也不宜作为研究此帖的依据。

锺繇不仅善楷书，也擅长隶书与行书。相传隶书临摹典范《鲁相乙瑛请置孔庙百石卒史碑》（简称《乙瑛碑》）也是锺繇所作。因《乙瑛碑》有宋人张稚圭在上面石刻："后汉锺太尉书。"经过后来学者考证这个碑是在东汉永兴元年（153年）刻立，而此时的锺繇只有3岁，显然不合逻辑。时间的长久与史事的复杂使这件事并没有水落石出的答案。作为隶书中的佼佼者，《乙瑛碑》的艺术价值是不可替代的。

汉隶经过秦代的滥觞，东汉章帝时的流变，直到桓、灵帝时达到鼎盛。《乙瑛碑》是汉隶鼎盛时期的代表作品，具有宗教之美，沉着厚重、端庄雍

乙瑛碑

容。用笔，方圆有度；结字，匀适调和；章法，规矩合度。属于汉碑平正规范的一路，最适用于初学者。需要注意的是《乙瑛碑》是有些活泼在里边，书写时避免过于工整，以致走向工整与俗气。《乙瑛碑》是隶书的碑帖，与篆书相比，书写快速而且使用方便，富有旺盛的生命力。此碑共18行，满行40字，无额。原藏于山东曲阜孔庙，现置曲阜碑苑。

现如今锺繇遗留下来的书法珍品都可被称为"奇品"。不仅书奇、人也奇。锺繇一生的传奇故事似乎都和"墓"有联系。

锺繇晚年有一段时间连续几日不去上朝，友人问他为什么，他说："夜半常常有一位美丽的女子来找我。"友人告诉他这个女子是个妖怪，要把她给杀了。后来，这位女子又来找锺繇，只是站立在门前，不敢进屋。锺繇问她为什么不进来，女子说："我知道你想杀了我。"锺繇说："没有的事。"锺繇就把她邀请进屋。进屋后，锺繇突然想起友人们的话：这个女子是个妖怪。于是决定把她杀了，但是又下不了手，觉得杀死她太遗憾了。最终仍砍伤了她的大腿，女子慌忙跑走了，边走边用衣服中棉絮擦拭鲜血，鲜血洒了一路。第二天锺繇命人沿血迹寻找，结果寻到一座坟墓。棺材里正是那位女子，外表容颜身体跟活人没什么两样，身穿白绸衣衫，左大腿受伤，用坎肩中的棉絮擦拭腿上的鲜血……

不要太过于纠结故事的本身了，因为锺繇的故事注定是要与"奇"扯上关系的。尽管他的奇闻轶事使他显得格外的缭乱与模糊，我们大可以拨开这层纷扰的薄雾，于他隽雅的字体中来欣赏这一份难得的宁静。

王羲之（303—361）
风流率真的"书圣"

书写汉字的幽秘曼妙，让人常会生出无尽的仰慕来。譬如"书圣"王羲之，流于后世不仅仅是一个闪闪发光的名字，更为人留下了性命、性情与书法珍品让人心慕手追。所以真正的书法家，不会死去，而是深深存在于历史的血管中，不断刺激着历史的脉搏。

谁还依旧反复吟咏着"旧时王谢堂前燕，飞入寻常百姓家"，谁又清楚知晓这"王"家名流千古的真正缘由？因为权势、家产？显然不是。所谓"王"家，正是东晋时期政治家王导家族，家庭显赫，不该是诗中那样哀婉、惆怅的样子。因为，一个家族的显要并非只与权力、财力相联锁，而且还和门风有关。譬如后世子孙的愚昧或聪慧，便可作为其中的一个标志。王家也确实有福气，王导之后，出了侄子王羲之，王羲之之后又有儿子王献之，王献之之后隔了几代，又出现了智永和尚王法极。这一个个名字，名流千古，熠熠闪光。

王家子孙之所以名流千古，照耀古今，绝非是因为他们有着显赫的权势与财力，而是因为他们拥有共同的爱好——书法。

东晋卫夫人是王羲之练习书法的启蒙老师。卫铄卫夫人，一个非等闲之辈的女子，因一手好字而冠绝天下。王羲之7岁时，就开始学习书法，卫夫人极喜欢他的聪明伶俐。不仅教他练字，还用前人勤奋练习书法的故事引导、鼓励他。跟随这样一位书法名家，王羲之在一开始就着了魔。相传，羲之在走路时，都会手舞心画着书法的范式，点画之间将手指戳在衣服上，时日长久，衣服都给画破了。

一日，王羲之问卫夫人："我如何才能尽快地把字练好呢？"卫夫人见到王羲之心急的样子，便说："孩子，不要心急，我先给你讲一个故事吧。东汉的时候，有一个人叫张芝。他为了练好字，每天都在自家的池塘边，蘸着池子中的水研墨写字，从日出到日落每天如此，时日长久，洗出的墨汁都把池塘染成黑色了。他的字呢，也越练越好，写出的草书也活泼流畅，奇俊潇洒，最后大家都喊他'草圣'。"羲之听完这个故事后，比以往更加勤勉，也像张芝一样，每天练完字，就到自家门前的池塘洗笔砚。最后洗笔染黑的池子比张芝还要大。

宋代曾巩钦慕王羲之的盛名，于庆历八年（1048年）九月，专程来临川凭吊墨池遗迹，受州学教授（官名）王盛委托，根据王羲之的勤于笔墨的故事，写下了赫赫有名的散文《墨池记》：

临川之城东，有地隐然而高，以临于溪，曰新城。新城之上，有池洼然而方以长，曰王羲之之墨池者。荀伯子《临川记》云也。羲之尝慕张芝，临池学书，池水尽黑，此为其故迹，岂信然邪？方羲之之不可强以仕，而尝极东方，出沧海，以娱其意于山水之间。岂其徜徉肆恣，而又尝自休于此邪？羲之之书晚乃善，则其所能，盖亦以精力自致者，非天成也。然后世未有能及者，岂其学不如彼邪？则学固岂可以少哉！况欲深造道德者邪？

墨池之上，今为州学舍。教授王君盛恐其不章也，书"晋王右军墨池"之六字于楹间以揭之，又告于巩曰："愿有记。"推王君之心，岂爱人之善，虽一能不以废，而因以及乎其迹邪？其亦欲推其事，以勉其学者邪？夫人之有一能，而使后人尚之如此，况仁人庄士之遗风余思，被于来世者何如哉！

庆历八年九月十二日，曾巩记。

有人说王羲之养鹅不仅可以陶冶性情，还可以从鹅的身姿活动中领悟到书法上的肌理。我们从小学起就开始学习执笔的姿势，然而古代人可不是这样，大家都个性十足，譬如王羲之握笔就是把食指压在毛笔笔管最上端，食指高高挑起，如同高傲的鹅头。说到这里，大家必定都想起王羲之爱鹅的故事来了。

一天早晨，王羲之与最小的儿子王献之一同泛舟在会稽山水间游玩。不觉来到一个村庄附近，看到一处河岸旁有一群鹅摇摇晃晃、欲飞欲走的样子煞是可爱，顿时对这群鹅起了爱慕之心，想将它们带回家去，好生养起来。于是，王羲之就去询问这群鹅的主人是否愿意卖给他。主人知道这位就是大名鼎鼎的"书圣"王羲之，岂能错过大好时机，于是就非常爽快地说："如果王右军大人喜欢，请你为我代写一篇道家养生修炼的《黄庭经》，这些鹅就是你的了。"王羲之欣然答应，写了半天的经文，高兴地"笼鹅而归"。因此，此帖又俗称《换鹅帖》。此帖其法极严，其气亦逸，有秀美开朗之意态，无款，末署"永和十二年五月"。现在流传的只是后世的摹刻本。

"书换白鹅"的故事，会让人们觉得王羲之确乎算个性情中人了。然而殊不知，王羲之也是一位古代少有懂得产品包装之人。

一日，王羲之上街赶集，看见一位老妇人挎着一篮竹扇叫卖。只是老妇人的扇子太过于简陋了，路人都不感兴趣，半天也不见卖出去一把。王羲之突生怜悯之心，走向前问老妇人："你的扇子多少钱？"老妇人说："二十钱。"王羲之就命人拿来笔墨，在每把扇子上都写上五个字。老妇着急地说："你在上面写字还让我怎么卖得出去啊？"王羲之笑着回答说："没关系，到时候你就说这是王右军写的，这样你的扇子可以买到一百钱一把了。"老妇心中疑惑，拿着扇子走了，继续在集市上叫卖。这时扇子上的墨迹还没干透，认识王羲之字迹的人都过来争先排队，也没有人打问价钱，不一会儿工夫一篮竹扇就卖完了。时隔几日，老妇人又持扇来让王羲之题字，羲之笑而不应。

这样一个有趣的人，自然也有着美丽、动人的故事，这个美丽传奇是与他的姻缘有关连的。王羲之而立之年时，正逢会稽太尉郗鉴为他的女儿挑选如意女婿。他的女儿郗浚生得貌美如花，冰雪聪明，太尉自然是极其宠爱。当时任宰相的王导，家境显赫，又是江南有名的文士，于是郗太尉的择婿范围就锁在王导的子侄们身上了。一天，郗太尉派管家到王府提亲，听闻消息之后的王家子弟们，

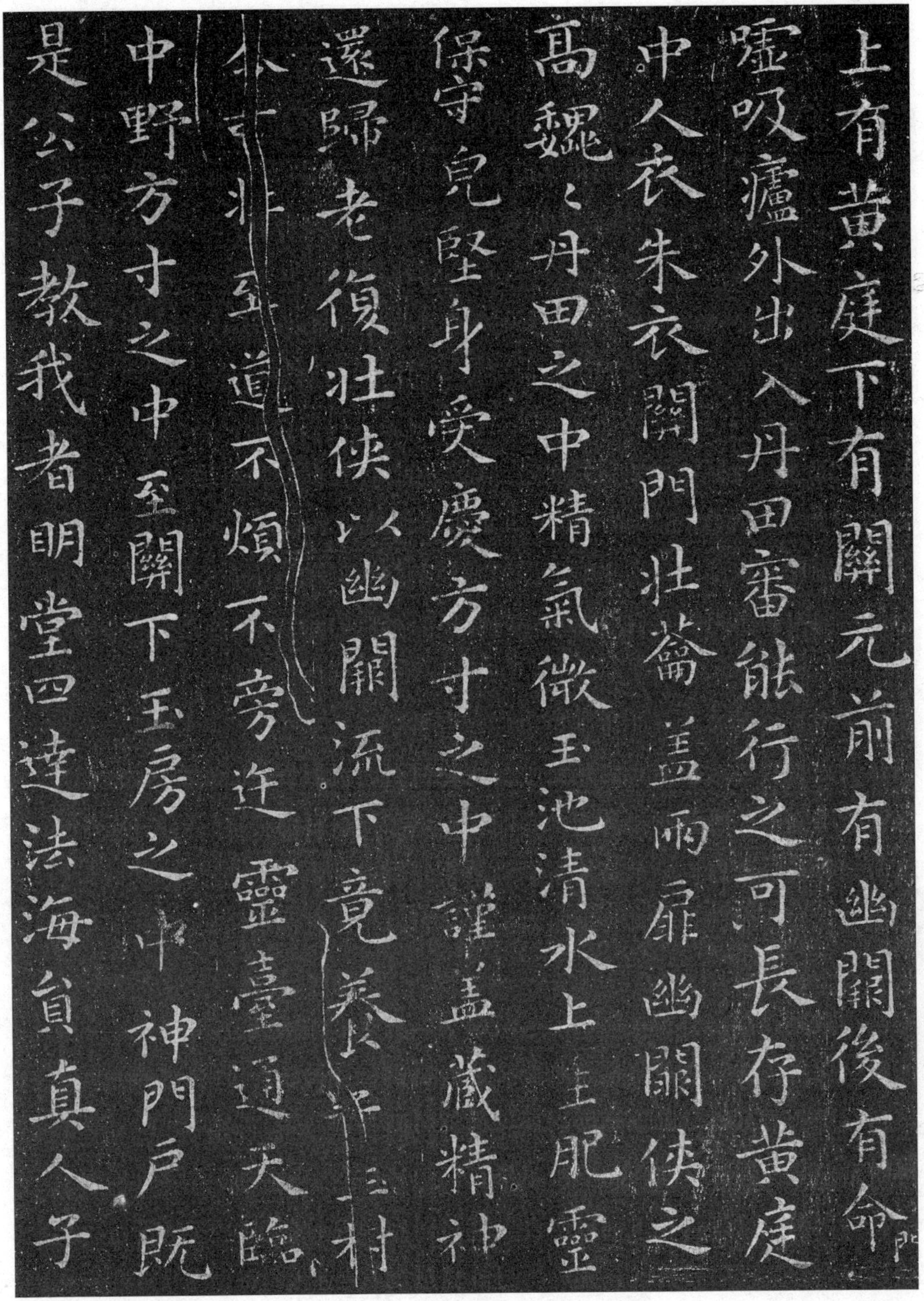

上有黃庭下有關元前有幽闕後有命

噓吸廬外出入丹田審能行之可長存黃庭

中人衣朱衣關門壯籥蓋兩扉幽闕俠之

高巍巍丹田之中精氣微玉池清水上上肥靈

保守兒堅身受慶方寸之中謹蓋藏精神

還歸老復壯俠以幽闕流下竟養　村

本大非至道不煩不旁迕靈臺通天臨

中野方寸之中至關下玉房之中神門戶既

是公子教我者明堂四達法海貞真人子

早已听说郗家女儿的美貌，于是争相打扮自己，拘谨地等待着提亲之人能够相中自己。而此时的王羲之依旧我行我素，躺在东厢房床榻之上，美酒佳肴，不亦乐乎。自然，这位失礼的少年没能入了提亲之人的眼。可是，当这位管家将王家子弟的情况都一一说给郗太尉听后，郗太尉深思半刻，捻着自己的胡须含笑说道："东床乃吾快婿。"这就是"东床快婿"的由来。

只做井底之蛙，将难以成就一世伟名。睁开眼睛看世界，发现生活原来也可以如此多娇。成年，王羲之走出家门，游访群山，博览历代名家书迹，手临心摹，勤学苦练，在汉魏质朴书风中融入自己独特的创新元素，迎合晋人流行的口味，开创妍美流便之体，冠绝古今，成为书法界独一无二的楷模，被后世人称之为"书圣"。

世人常称赞王羲之的书法："翩若惊鸿，婉若游龙，荣曜秋菊，华茂春松。仿佛兮若轻云之蔽月，飘飘兮若流风之回雪。"唐人张怀瓘则不加掩饰地在《书断》中将王羲之的隶、行、章草、飞白、草书都列为神品。这样称赞王羲之也不必脸红，因为这样的评价客观真实。今天我们还能看到的书法名迹，哪怕只是摹本或拓本，也能够从中窥见"翩若惊鸿，婉若游龙"之姿。当然，在他众多的书法珍品当中，最使人们念念不忘的还属被誉为"天下第一行书"的《兰亭集序》。

兰亭之所以为"兰亭"，首先要感谢的是越王勾践"无心插柳柳成荫"的无心之举。被吴王打败后，失意的一代君王勾践，为了蒙蔽吴王夫差，使其确认为自己并没有复国之举，就隐居在这个地方，种植花草。想必越王勾践种的兰花还是极好的，使得种花之处旁临着一条小溪，也沾光获得了兰溪的美名。

数百年之后的一天，正是在永和九年（353年）三月初三。那一日阳光明媚，群莺纷飞，王羲之与一群名士来到了这里，举行了"修禊"集会。集会的名士可都是当时不得了的人物，有谢安、孙卓、许询和王羲之以及他的儿子等41人。按照旧时的风俗，这一日古人都要到水边嬉戏游玩，祈求扫除身上带有的霉运与不祥，并给这种游玩取了个很好听的名字"修禊"。王羲之兴致勃勃地召集大家聚积在兰溪岸边，尽情享受着自然赐予的"天朗气清，惠风和畅"的恩惠，舒舒服服地坐在这里，欣赏着美丽的大自然风光。目及之处山清水秀，耳闻之声

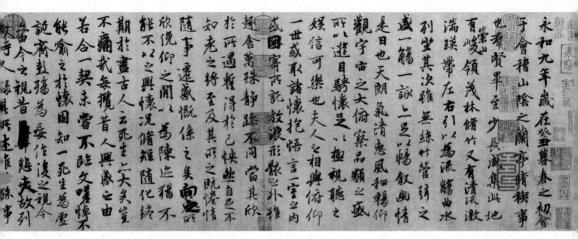

兰亭集序

微澜清风，心情愉悦的雅士们围坐在兰溪之畔，将酒杯放置水中，顺水漂流，漂到谁面前谁就要饮酒作诗。如果做不出来可是要多罚几杯的。正是这次集会造就了一幅绝美的图案：在茂林修竹所遮掩的兰溪岸旁，一群风流倜傥的文人雅士，饮酒作诗，好不快活！后世所艳羡的曲水流觞正是这幅美景。说到此处，心中不免有些遗憾，遗憾现如今的人已经缺失了这种美好的怡情与雅兴。

临近日暮时分，雅士们兴趣不减，仍沉浸在美酒赋诗的回味之中。于是就有人提议，把今日所作的37首诗收编成集，诗的名字就有了，叫《兰亭集》。这么好的诗集怎可没有序呢，于是大家一致推举右军将军会稽内史王羲之作序，王羲之此时醉意正浓，欣然接受，畅意执笔，如行云流水一气呵成名噪天下的《兰亭集序》。

洋洋洒洒的一篇佳作，使人如沐春风，心旷神怡。整篇序文，共计28行324个字，每一个字都写得潇洒飘逸，骨格清秀。整幅作品有茂林修竹的青翠欲滴之颜，又有兰溪之水的流畅清冽，行云流水，自然含蓄，用笔收放、藏露恰到好处。粗细盈润，相映成趣。尺幅之间，百态俱生，异体之字各具神态，而相同字体之间更具独特之妙，例如序文中的21个"之"字，7个"不"字，此外还有"事""所""欣""仰""其""畅""以""怀""为""兴""后"等诸字，各具特点，无一雷同。或从字体结构变化，或以笔意的转化，所呈现出的，尽是作者的别出心裁，一笔一画风格迥异，各有神妙之处，趣味盎然。以"之"

来看，或舒展，或收敛，或俊逸，或稳重，或体阔，或瘦长……"之"字最多无一似，尽得风流笔意间。令人赞叹，深深折服。

王羲之的书法，毫无拘泥之色，这也正是他的可贵之处。因为，楷书产生并达到顶峰，森严的法度给书学史带来的绳墨长久不衰。有迂者，拘泥于法度中，不能自拔，成为书奴。拘泥于书法的字，就如木偶起舞，除法度之外，难以见到血肉的活动。殊不知《兰亭集序》无异于书法而得书法之妙，涂抹修改甚至错写也在所难免，完全是真性情的流露，生动而有灵气，极易显露出书者的情趣与性情，供后人心慕手追。

令人惊奇的是真正卓越的书法作品，往往是无意于书法而得书法之妙。唐太宗李世民说："点曳之工，裁成之妙。"黄庭坚说："《兰亭集序》草，王右军平生得意书也。反复观之，略无一字一笔，不可人意。"姜夔说："《兰亭集序》可以说是由杰出的书法智慧所营造成的迷宫。"……

汉字组合的曼妙常会让人生出无言的敬畏来，譬如"王羲之"，譬如"李世民"，身处不同时代的人，却有着千丝万缕的联系，这两位举世闻名的人物，在生着的时候，就已经出类拔群了，死后也更加得神异。

这个时候，王家已经安安全全地将传家宝《兰亭集序》传到了第七世孙智永和尚的手里。智永禅师既是书法名家，也是出家之人，后无子嗣，于是他就将这份珍贵的《兰亭集序》交给了他的弟子辩才和尚，辩才和尚是王羲之的忠实"粉丝"，自然遵循师尊的遗愿，用生命精心收藏着《兰亭集序》。对于这份珍宝，辩才平时绝对不会让它露面，藏得十分隐蔽，因此世间也极少有人知道。然而天下没有不漏风的墙，李世民还是知晓了此事。

虞世南与辩才和尚曾共同师事过智永和尚，太宗李世民三番五次地谕旨虞世南诏令辩才进京，索要《兰亭集序》。辩才以借口推脱，说是在战乱中丢失了。唐太宗气得牙痒痒，恨不得把他给杀了，可是他知道一旦杀了辩才，就再也看不到《兰亭集序》了，于是就将辩才放回江南了。

李世民岂能善罢甘休！

此事重臣房玄龄为李世民献上计谋，他向李世民举荐了时任监察御史的萧翼，让他装扮成一个潦倒的穷困书生，假称是山东人，路过会稽，投宿到辩才住持的那个寺庙。头三个月，萧翼与辩才每日里饮酒唱和，高谈阔论，渐渐的辩才对他失去了警惕，甚至有相见恨晚的感觉。当然，他们还会进行书法的交流，直到一日，两人深感亲密无间，于是萧翼就将随身携带的王羲之的墨迹拿了出来，让辩才和尚观摩。辩才和尚看了那几帖墨迹，确实是真品，却无法与自己珍藏的《兰亭集序》相媲美，于是就将实情讲给了萧翼听："你的这些藏品确实不错，但无法与王羲之的顶峰之作相比啊。"萧翼装作一脸惊愕样儿，顺着杆往上攀爬，问道："这么说你有王右军的顶峰之作了？"估计是喝了酒的缘故，辩才和尚嘴上就没有把门的了，十分得意地说："《兰亭集序》本在师傅智永大师的手里，现在传给了我，那才是独一无二的真品啊！"萧翼压住自己的心跳，脸上露出一副似信非信的模样："《兰亭集序》早已失传，人间哪有真迹啊？这可不敢胡说啊！此时的辩才哪知道其中的计谋，于是对着萧翼得意一笑，从房上的一个神龛中将《兰亭集序》拿了出来，非要萧翼亲眼观识。萧翼压抑住内心的狂喜，不肯承认这是真迹。辩才气不过，就将真迹放在了萧翼手中，让他看几天再说。

观了几日的萧翼，一日趁着辩才外出，于是快速收拾《兰亭集序》与其他王羲之的真迹，偷偷起身，往长安复命了。辩才回到寺庙一找萧翼找不着，《兰亭集序》也不见了，顿时慌了，心中似乎明白了什么，就一路打探消息，追赶萧翼。追到萧翼后，就破口大骂萧翼小人，萧翼也不据理力争，亮出了李世民给他的"敕旨"，对辩才说自己只是太宗的一个钦差。辩才瞠目结舌，当即昏厥过去。余下的生活，辩才都是在自责与悔恨中度过的，不久积郁成疾，死在永欣寺中。

李世民生前竟不惜玩弄小人把戏，使用遭人唾弃的骗术得到了《兰亭集序》，死后也不丢手，还将真迹殉葬在自己的身侧。贞观二十三年，李世民重病缠身，气息奄奄，此时心中还念念不忘《兰亭集序》，挣扎走下病榻，来到玉华宫的含风殿，将悬于座侧的《兰亭集序》取下，抚摸良久，不觉潸然泪下。手扶父亲身侧的太子李治见状忙上前询问，知晓父亲在金銮宝座坐了23年，人生已经没有什么遗憾的了，唯独《兰亭集序》不愿舍弃，若在千秋之后能将此卷带走，他也就死而无憾了。虽然李治治理国家很一般，但孝行父皇的心很专一，于是他就命人雕琢了一个长方形匣子，将《兰亭集序》当着父亲的面，用黄色绫子包扎好，装入玉匣，放在了父亲的枕侧。不久，太宗十分从容地死去了，接过皇位的李治将父皇葬在九宗山昭陵时，仍不忘父亲的遗嘱，将这无价之宝，陪葬在了太宗的棺椁中。

不知是悲伤还是欣慰，《兰亭集序》仿如尘埃落定般隐寂。太多人的钟爱，结果酿出了后来的悲剧。陪葬于昭陵中的《兰亭集序》，想必已经安然无事了！可是不然。唐末的时候，有个叫温韬的军阀，亦眼热着唐陵的陪葬，"命人尽皆盗掘之，悉数偷取之"。据资料记载，温韬命人挖掘昭陵，昼夜不停地打通出一条75丈深的墓道。进到地宫里，内部装饰得十分华美，陈设十分豪华，建筑十分宏丽……与长安皇室不相上下。地宫中心是太宗李世民的棺椁，在拱卫两侧，各有一大石床，石床上放置着石函，函内有铁匣，匣内放置的就是皇绫包裹的《兰亭集序》！深埋地下二百多年的书作，墨迹依然如新！可这如新的墨迹，此后再也不知下落矣！

说不尽道不完的《兰亭集序》啊！堪称"天下第一行书"的《兰亭集序》，在王羲之的笔下，每一个字都仿佛是具有完整血肉之躯的生命形象，各自有着血肉筋骨完整的身躯，各自有着赋予的精神、风仪：或坐、或卧、或行、或走、或舞、或歌……尺幅之内，百态尽现。

如今我们所能看到的《兰亭集序》都是唐代的摹本。摹写《兰亭集序》的这几个人呢，也个个了得，譬如弘文馆的冯成素，譬如大书法家虞世南与褚遂良，而为大家所推崇的当数冯成素的神龙本，更具王羲之的神韵。冯成素的"神龙本"真迹现藏于北京故宫博物院，上面钤有"神龙"小印，小印乃是唐中宗的年号，可以肯定这是唐代的临摹。

王羲之是一个有故事的人，他的佳作和传说远远不止这些，使后人心慕手追的也不止他的书法与性情，甚至还有他的生命。于书法中，虽千万人，唯王羲之一人矣。

王献之（344—386）
一位率性而为的风流才子

在书法史上，子随父业的人不少，然而能够在父辈光环下大放异彩，并与其父亲比肩的人，大概只有王献之一人吧。假如他没有飘逸绝伦的书法，或许他会同他的兄弟一样，被别人称为"王羲之的儿子"，他的一生也更谈不上传奇。然而他的书法作品，让我们确信了他是一个天才，一个不折不扣的天才。书法就是他艺术天分的完美展现，以及率真可爱的性情流露。假如没有笔墨，那么他的故事就不知该从何处谈起了。

王献之，字子敬，小字官奴，王羲之第七子。因为精于书法，尤其是草书，敢于创新，不为其父所囿，树立起了自魏晋以来的今草、今楷的楷模，在书法史上被尊称为"亚圣"。王氏家风也确实令人敬仰，书圣的孩子个个精于书艺。书艺是王家的家传，王羲之七个儿子当中，属王献之的天赋最高。艺术需要真性情，王献之的书艺天赋则是蕴藉在率真、长情的性情之中。墨迹笔法之中会有性情的流露，墨迹笔画之间会有自己的心灵轨迹，这也难怪历代书法家重视墨迹。墨迹可以令人心动，产生无尽的遐想，字里行间中可以看到书法家的妙然神采，令人心生仰望。性情的墨迹也最为感人，动情的墨迹也最不会死去。

中华文化里，存在一个很奇怪的现象，人们总是将教育功能寄托给一个故事。譬如王献之写完十八缸水的故事，总是拿来教育孩子们好好用功读书，虽然只是一个传说，但是有励志的传说，人们总愿意去相信。这个故事我是不信的，但亦不能排除我对王献之的仰望。王献之自然是写不完十八缸水的，十八个人一跳进去就一命呜呼的大缸，任谁也是写不完的，更何况仅活了43岁的他，也根本来不及，况且王献之本来就是书法中的奇葩，不需要如此。后世之人将教育寄托给了这样一个故事，也是对王家精神的崇仰。生而为人，要成就一番事业，要有一股王献之的"十八缸水"的笨劲儿才行。正因为如此，王家继王献之之后又出现了一个个闪闪发亮的名字，书法好手王珣以及智永和尚。

《世说新语》中记载了几个王献之的趣事。一天，王献之与他的哥哥王徽之坐在屋子里聊天，突然家中失火了，哥哥站起身来就往外跑，连鞋子都来不及穿了，而王献之则不慌不忙，喊来仆人慢悠悠地将他扶了出来。还有一次是在深夜里，他正在睡觉，一个小偷进来偷东西，王献之被蹑手蹑脚、窸窸窣窣的声音弄醒了，他不慌不忙地说："小偷，你将那件黑色毯子拿走吧，是我用旧的。"甚至连眼皮也没抬一下，小偷听见声音顿时惊呆了，吓得一溜烟逃走了。从这两则故事中可以看出，王献之是那个年代的"淡定哥"，深深符合魏晋时期文人雅士所崇尚的处事不惊的风度。年纪轻轻的王献之每天摆着一副少年老成的淡然，应该属于魏晋年代的一种时尚。话说回来，王献之也是一位很酷的风流才子呢。王献之是自信而高傲的，满脸贵族子弟的神态。《世说新语》中记载，一日，王献之不经人通报，就闯入别人家的花园里，旁若无人地赏花。此时正在宴客的花园主人见到这位缺少礼教的年轻人，心里气呼呼的，大声指责王献之是"伧"。"伧"是什么意思呢？想必大家都能够想到，就是丢人、丑陋的意思。讽刺挖苦了王献之一番，并将为王献之抬轿子的家丁全部驱赶了出去。想必此时王献之已经够狼狈了吧，然而他还是一副不屑的欠扁样儿，拍拍裤腿儿整整衣衫，连眼珠子都没翻，气得花园主人直跳脚，最后还是命人将王献之抬到了花园外。在今天看来，王献之简直就是一个毫无教养的无赖，然而这位漂亮的公子哥也并没有什么恶意，大家就当他是一个孩子淘气了一回。若是没有书法，大家则会觉得王献之是一个很矫情的人，只不过是当时的一个时髦的公子哥，或者是官N代。他有翩若游龙、婉若惊鸿、飘逸盖世的草书！因此他成为了一个传说。

作为书法家的王献之，风流潇洒表现得就是这么极端。他的率性而为，他的挥洒自如，同他父亲一起，把魏晋风韵带进了之后的各个朝代。甚至到了明朝，依旧有人感慨书法到了王献之的手中，就开始变得奇异了。《中秋帖》是他的一笔书，连绵如带，飞逸畅快，形若烟云流动，似不经意间便成了他最好的佳作。张怀瓘《书断》中对一笔书有所解说："之体势，一笔而成，偶有不连，而脉不断，及其连者，气候通其隔行。"《中秋帖》笔势连绵不绝，运笔如箸画灰，极具法度，遂为"一笔书"。

乾隆皇帝珍藏有《中秋帖》《快雪时晴帖》《伯远帖》三帖，号称"三希"，对这三帖如此喜爱，于是就将御书房题名为"三希堂"。

王献之擅长楷、行、草、隶诸体，其中要数草书最有魅力了。《鸭头丸帖》是王献之唯一一件流传至今的草书真迹，现藏于上海博物馆。这部帖既行且草，是王献之"稿行之草"的代表作。它的特别之处是写在绢上的，纵21.6厘米，横21.9厘米，巴掌大小，十分简短，两行仅15个字。

此帖之所以被称为"鸭头丸"，是由于帖首鸭头丸三个字。对《鸭头丸帖》字义进行一番揣摩，不难理解，这是王献之的一位好友服用过鸭头丸的药石，效果不是很好，便写信与王献之交流。对于好友观点，显然正在服这种药石的王献之也深表赞同，所以就写信给好友说这个药丸"故不佳"，同时还相约，"明当必集"再交流心得。

绢上丝丝可数的飞白、寥寥数字、相映成趣的笔墨，让人产生无尽遐想：明日的集会上，王献之和他的亲友们又搞一些什么名堂呢？这个没有史料记载，我们就不得而知了。但我们纵观此幅被尊为王献之草书之首的《鸭头丸帖》，用笔开拓跌宕，情驰神纵，流美清秀，不带有一丝凡尘之气。

王献之的草书较多带有媚趣，譬如在用笔上，全篇以中锋为主，而每个字的起笔又以侧锋居多，如"鸭""故""明"等。书法中有一句俗语叫作"侧锋取媚"，由此帖可见一斑。再看笔触，从字迹的力道来看，王献之书写时并不是重写重按，而是笔尖轻触纸面，线条清新流畅，由此可以推断此帖为王献之心情愉悦时所作。墨色处理上，或湿或枯，或润或涩，字字行行之间对比鲜明，像一支

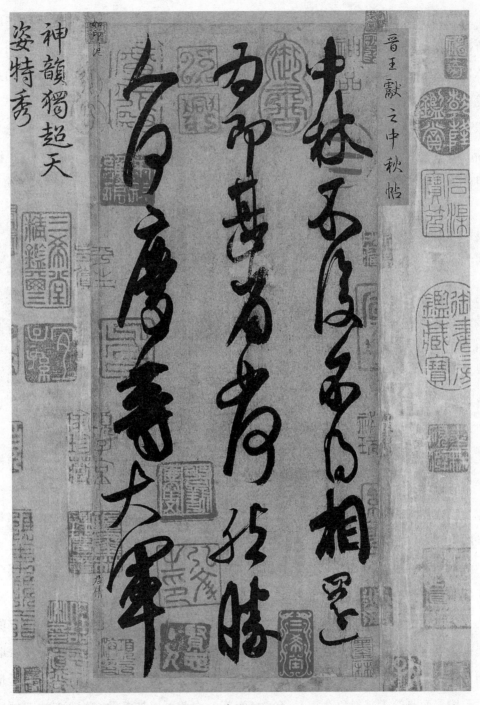

中秋帖

释文：中秋不复不得相还　为即甚省如何然胜　人何庆等大军。

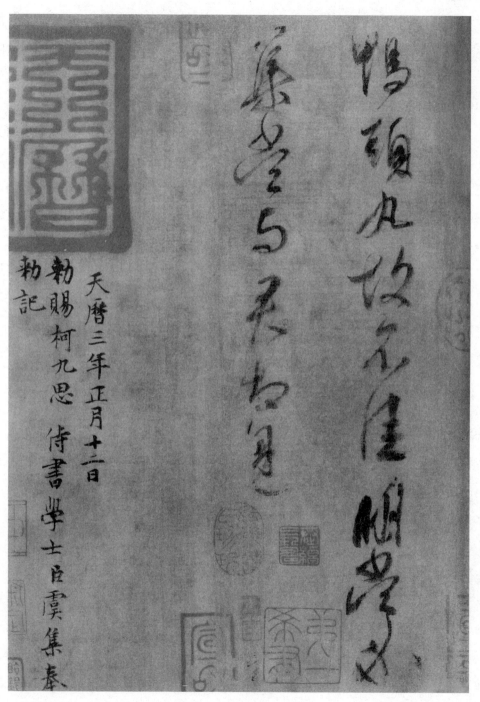

鸭头丸帖

释文：鸭头丸，故不佳。明当必集，当与君相见。

富有节奏的抒情小曲。全帖共两次沾墨汁，每一句都是由润到枯，由浓而淡，墨色分明，"稿行之草"的独创性被王献之挥洒得淋漓尽致。然而却不知，他这随手一写，让后世的千万之人对着这十几个字千年来都发出同样的感慨：这让我们如何去超越呢？

这些书法作品足以让我们确信王献之是一个天才，而且还是一个性情中的天才。他的率真与浪漫，亦或是放荡不羁，都是从骨子里显露出来的。他不愿去遮掩，也不肯一点点地渗透出来，他的性情是一种毫无遮拦的释放，放荡不羁的洒脱。然而艺术家本性的释放确实是一件幸事，要不然如何让人们生出凝神瑰宝的心灵波动呢。

风流倜傥的公子哥王献之，偏偏又是一个纯粹的性情中人，一生看过许多风景，也见过了无数美女，然而在他生命的最后一刻，在忏悔一生得失的时候，唯一让他耿耿于怀的是与前妻郗道茂的离婚。《世说新语》中记载：

王子敬病笃，道家上章应首过，问子敬："由来有何异同得失？"子敬云："不觉有余事，惟忆与郗家离婚。"

俗话说，人之将死，其言也善，想必王献之临终前的忏悔也是真切的。妻子郗道茂是他母亲郗浚的嫡亲外甥女，也就是他的表姐，比他略长一岁，两人从小青梅竹马，一起长大，日久生情，于是私定终身。因为琅琊王氏与高平郗氏都是当时的甲等世族，门当户对，等到男大当婚、女大当嫁的时候，两家的父母就顺水推舟，成就了一桩美好的姻缘。

早年，这对才子佳人的夫妻生活十分幸福，互相珍惜，恩爱无比，甚至誓言生生世世永不分离，正如汉乐府民歌《上邪》所唱的那样：

上邪，我欲与君相知，长命无绝衰。山无陵，江水为竭。冬雷震震，夏雨雪，天地合，乃敢与君绝。

可是，世事无常！现实的生活并不是田园牧歌，常会发生意想不到的事情，宛如晴空霹雳，献之终又离婚再娶。然而事实上关于王献之最终与妻子郗道茂离异，娶了新安公主的故事却是有两个版本的。

而立之年的王献之，愈加显得成熟优雅。偶然一次机会，王献之在宫中被当朝的新安公主瞧见了，就被他的风流蕴藉所倾倒，于是哭着喊着让哥哥孝武帝做主，把自己许配给王献之。然而，这位新安公主也是有过婚史的人，她的前夫桓济被叔父桓冲废掉后，她便一脚把他给踢了。新安公主看上了王献之，他就必须离婚。而王献之深爱的人是自己的妻子，于是就烧艾草将自己的脚烫伤以此来拒婚，仍无济于事，圣旨难违！王献之只好忍痛休妻，做了当朝的驸马爷。有了如此荣誉的王献之，心里一点儿也快活不起来，对仕途更加淡薄了，甚至将自己所任将军长史之职也给辞了。那么还能干什么呢？只好专注于写字。于是王献之拿起笔，一字一笔，尽写他的忏悔之意，追忆二人"逢对"时的感情。从此后王献之的生活看来，新安公主的选择显然导致了一场悲剧，王献之的心依然念念不忘前妻，并不在公主身上。这样一来，一个率真可爱的男孩在经历过刻骨铭心的生死离别后，即使衣锦华丽，贵为驸马，也无法阻止他逐渐变成一个忧郁沧桑的老男人。

此外还有另一个版本。相传王献之是喜欢这位刁蛮的新安公主的，自愿与妻子离异。新安公主看上王献之，哭着喊着在哥哥孝武帝面前请求赐婚，这是较肯定的。然而作为皇帝的司马曜，不愿违背中国传统"糟糠之妻不可弃"的伦理观念，鼓励自己的臣子喜新厌旧，他也不傻，这种既赔了妹妹又背黑锅的事情，他可不干。然而怎可耐得了妹妹整天像蜜蜂一样在耳边"嗡嗡嗡"个不停，无奈孝武帝只好找一个机会，与王献之闲聊的时候有意无意地提起了此事。王献之何等聪明，岂能听不出醉翁之意！当时，如果他态度坚决，告诉司马曜，自己与妻子情深意笃，誓不分离，那司马曜也就不了了之了。正如唐太宗李世民直接对自己屡建奇功的爱将尉迟恭说，愿意将自己的爱女嫁给他，尉迟恭听后，义正辞严道："臣的老婆虽然又老又丑，但已经与臣患难多年了。臣虽没什么学问，但也知道古人'富不易妻'的道理。今天，臣实难接受陛下的美意。"如此情真意切的话语，李世民听后非常敬重尉迟恭的品质，于是就不再提嫁女儿的事情了。

事实上，对于这样的事情，王献之反倒不及目不识丁的尉迟恭厚道。在言谈中，王献之暧昧的态度，让孝武帝十分笃定这事情有戏。王献之回到家中，没有几日，便一张休书将郗氏遣回了家。两个人离异是因为感情不合，亦或是性格冲突，这只有王献之心里最清楚不过了。

清风扫落叶般送走了妻子郗氏，不消几日，就张灯结彩迎娶新安公主了。王献之娶了金枝玉叶的公主，仕途上自然是一路高涨，步步高升，最后风光职任中书令，相当于副宰相的高位。然而，享受着高官与荣誉的王献之，深感满足的同时，一直放不下二十多年青梅竹马的感情。更何况，生性多情的王献之到底也不是铁石心肠、无情无义的男人，虽然他的生活有刁蛮公主的相陪，还有其他的女人，如桃花与桃根姐妹相伴，但子敬仍耿耿于怀自己对前妻的亏欠，一如他《逢对帖》中书：

虽奉对积年，可以为尽日之欢，常苦不尽触额之畅。方欲与姊极当年之匹，以之偕老，岂谓乖别至此。诸怀怅塞实深，当复何由日夕见姊耶？俯仰悲咽，实无已已，唯当绝气耳。

这帖短札无头无尾，读起来却令人心酸不已。短短的几十个字，却把王献之悲苦与无奈的心境写得透透彻彻。纵是达官显贵，仕途得意，子敬却一直无法摆脱昔日对妻子的亏欠与当初决定的悔恨。可以说，子敬知道自己欠郗道茂的，今生今世，也补偿不了了。"俯仰悲咽，实无已已，唯当绝气耳"，太元十年（385年），带着当初的错误决定所造成的永远也无法原谅的痛恨，一位足以闪耀整个中国文化史的艺术大师，眼含泪水，气绝会稽，时年43岁。

在这个世界上，诚然没有物质基础的爱情是不牢固的，甚至会摇摇欲坠，但是，没有爱情的婚姻更可怕，生活更像一潭死水。现在，作为一个为自己决定负责的成年人，做事情之前不是更要三思吗？子敬的忏悔，对于今天的我们而言，又何尝不是一种警策！

今天我们崇尚王献之，是由于他将自由的个性与书法一同，发挥到淋漓尽致的程度。到他那里，书法再也不是一件件待价而沽的商品，而是精神的释放。

一日，他自由漫步在会稽城内，在巷陌之内，突显一面洁白的墙，撞入他的视野里，瞬时他的书法热情与激情被点燃起来了，随手拿起一把扫帚，把泥汁当墨，径自在墙上挥舞横扫，引得全城的人，都前来围观，一饱眼福。

兴致所至的王献之总是这么张狂！

身为人师的王献之依然我行我素，不拘常性。一日，他到乌程县看望弟子羊欣。到了羊欣府上，看到羊欣穿了一件崭新的绢裙在睡午觉。不知是有意恶戏羊欣，还是白色的绢裙激起的书法的灵感，于是悄悄地抓起羊欣书桌上的毛笔，蘸饱墨汁，尽情地在羊欣白色绢裙上随性挥洒。王献之算是尽了兴。羊欣一觉醒来，见老师伫立床头，拿着笔墨，还滴着墨汁。低头一看，这才发现自己的衣服上尽是老师刚写的墨迹，于是两眼放光，如获至宝，静静等待墨汁干透，缓缓将衣服脱下来，小心地珍藏起来。

张怀瓘《书议》中说：子敬才高远识，行草之外，更开一门……子敬之法，非草非行，流变于草，开张于行，草义处其中间……有若风行雨散，润色开花，笔法体势之中，最为风流者也。

是啊！王献之风流，又何止他的书法，其人其行，亦堪称风流的典范！

假如他没有飘逸绝伦的书法，或许他会同他的兄弟一样，被别人称为"王羲之的儿子"，他的一生也更谈不上传奇。然而他的书法作品，让我们确信了他是一个天才，一个不折不扣的天才。书法就是他的艺术天分的完美展现，以及率真可爱的性情流露。正因为笔墨、他一生的故事也便成为了传奇。

王珣（349—400）
吊人魂魄的回归之旅

魏晋的风度总是令后人仰慕不已，其中就有"旧时王谢堂前燕"的王氏一家在中国书法史上占据着巅峰的位置。人们对书圣王羲之早已耳听能详，以及他在书法界特有成就的儿子王献之名气也非常大，然而在举世闻名的皇家珍藏的"三希"宝帖中，还有一个王羲之的远房亲戚王珣的墨迹。

乾隆年间，喜欢珍藏字画的皇帝弘历得到了王珣的《伯远帖》后，异常开心地将它同王羲之的《快雪时晴帖》、王献之的《中秋帖》一起宝藏于养心殿西暖阁的一间书房中。乾隆皇帝认为这些宝物"稀世神物，非寻常什袭可并云"，于是就将这件袖珍的书房命名为"三希堂"。

王珣，字元琳，小字法护，东晋名士，是东晋书法家王导的孙子、王洽的儿子、王羲之的堂侄。东晋孝武帝雅好典籍，王珣以才学文章受知于孝武帝，累官左仆射，加征虏将军，并领太子詹事，安帝隆安元年（397年）迁尚书令，加散骑常侍，寻以病卒，终年52岁，谥献穆。

由此看来，王珣是一个很适合官场的人。宦游官场的他，在书道上的功夫想来也是游刃有余的。王珣自幼就每日精研书艺，养成了极高的书法趣味。古代书法评论家就曾这样评说："三代能以书称，家范世学，珣之草圣，亦有传矣。"生活在书法世家的环境之中，他的书艺自然深得家传。他的书法在用笔上比较清新雅致，字体结构上俊俏开张，又凸显出俊秀飘逸的气质。清代名流评价王珣的《伯远帖》深深符合"如生出日，如拂清风，如云如霞如烟，如幽林曲洞"魏晋时期的风韵。更有书法名家董其昌赞《伯远帖》为"尤物"，称赞王珣的书法"潇洒古淡，东晋风流，宛然在眼"，是书追"二王"的幽径。

人们对书圣王羲之早已耳听能详，以及他在书法界特有成就的儿子王献之名气也非常大。然而在举世闻名的皇家珍藏的"三希"宝帖中，还有一个王羲之的远房亲戚王珣的墨迹。

"三希堂"宝藏的三件宝帖辉映着王氏一族在书法艺术上的成就与荣耀。然而自诩不凡的乾隆皇帝也有看走眼的时候，好像还不止一两次。被他称为"上上真迹"的三件珍品，经现代书画专家的精心研究，认为《快雪时晴帖》是唐代时期的临摹，而《中秋帖》则是宋代米芾的临摹墨迹，三件稀世珍宝中只有《伯远帖》被认为是王珣的真迹。其中的珍贵程度由此可见一斑了。

《伯远帖》传世的命运与传奇很吊人胃口，在古代都已经被许多帝王和收藏家珍藏过，它的命运可以说是一波三折！但是这些所有故事加起来都不及它从清朝皇宫流出来的经历令人销魂。故事当从建立民国的时候开始，本来珍藏于"三希堂"的三件宝帖一直相安无事，清末溥仪皇帝退位后，皇室成员还住在紫禁城内，由国民政府每月供给300万银元的津贴。可这样一大笔津贴还是不够挥霍无度的清宫室遗民开销，经常捉襟见肘，于是他们将目光盯在了宫室内的古玩字画，随便拿出来一件去卖，都会换来不少的银子。于是，宫室内上至太妃，下至太监，都偷偷拿出去卖钱。不计其数的书画珍品命运极为悲惨地流落到了民间。

当时一位瑾太妃，将目光牢牢盯向了"三希堂"的三件宝帖，可谓是近水楼台先得月，盗取的三帖中的《中秋帖》和《伯远帖》，命一个小太监携出宫去，卖给了京城一家小的古董店"古品斋"，后来被袁世凯的大管家郭葆昌买了去，珍藏了起来，甚少示人。即使如此，消息也不胫而走，北京城闹得沸沸扬扬，郭葆昌为此寝食难安。此时一位爱国收藏家张伯驹揣摩到郭葆昌的心事，深知郭葆昌并非真正喜爱收藏，收购许多古书画、瓷器是为了倒手卖掉，赚取大笔的佣金，管家嘛，这点精明还是有的。居住上海的张伯驹又听闻外国的收藏家也正在积极活动，欲意收购郭葆昌手中的"二希"，于是就赶紧出手，委托北京的惠古斋老板作中间人，向郭葆昌传话愿意以高价收购《伯远帖》和《中秋帖》。最终郭葆昌愿意以20万大洋转让给张伯驹。听到这个好消息的张伯驹乐了，但此时手中的钱不够，于是就奔走在豪门之间，筹集金钱。快要凑齐的时候，卢沟桥事件爆发了，南北交通中断，这件事情也就不了了之了。

　　八年的抗战，让张伯驹无时无刻不牵挂着《中秋帖》与《伯远帖》，一直为它们的命运担忧。等到战争一结束，他就马上又委托人到郭府重提旧事。郭葆昌已经过世，继承家业的郭子郭昭俊并不否定张伯驹与父亲之间的约定，却要价1000两黄金才肯出售。面对如此天价，张伯驹也并不气馁，一边耐心与他磋商，一边筹集钱。本来快要守得云开见月明了，却半路杀出一个程咬金来。时任国民政府行政院长的宋子文，答应郭昭俊任中央银行北京分行的襄理职位，郭昭俊知道这个肥缺不是白给的，于是带着当年父亲收藏的"二希"登门答谢宋子文。张伯驹听到这个消息后，气愤难耐，执笔将这件事情在《新民晚报》上进行了深刻的披露。迫于舆论，宋子文没敢接受贿赂，原样又将"二希"退给了郭昭俊。后来，《新民晚报·艺坛通讯》中报道出"二希"的信息："希世珍品王珣《伯远帖》、王献之《中秋帖》，前由袁世凯差官郭世五（即郭葆昌）之儿献于宋子文，据悉宋不敢收，已还郭，刻原件存中南银行，郭子仍待价而沽，国宝之下落如此！"

　　树大招风一点也不错。身携"二希"的郭昭俊，在北京解放前夕，逃至香港，后又去了台湾。对此，《新民晚报》又对郭昭俊进行了无情的披露："王珣、王献之二帖，今由郭昭俊自中南银行取出，携至台北，将求善价。此种国宝竟容私人如此匿逃，又竟无人管，怪极！"逃到台湾的郭昭俊此时已经捉襟见肘了，除了身上携带的"二希"，几乎分文不值。于是他打算将"二希"卖给台北故宫博物馆，并希冀着"三希"能够团聚。然而此时的台北故宫博物馆也是资金紧缺，拿不出足够的金钱购买如此贵重的文物。郭昭俊无奈又返回了香港，着手做一些买卖，事实证明自己确实不是经商的料儿，生意非常不景气，为筹备流动资金，于是就将"二希"押在了汇丰银行。

我们几乎都在为"二希"的命运揪心着，揪心国之瑰宝会不会有什么不测。

抵押在汇丰银行的两件瑰宝，郭昭俊无力偿还贷款，眼看期限将至，"二希"的命运真让人揪心，最揪心的莫过于张伯驹先生了。听到香港传来消息，《中秋帖》与《伯远帖》将要流失海外，他心急如焚，只好请助于国家文化部与文物局。恰在此时，周恩来总理将他繁忙的目光投到了散失的珍贵文物上，于是立即成立了"香港秘密收购小组"，负责收购流失在香港的文物。

周总理慧眼识珠，他任命当时的国家社会文化事业管理局局长郑振铎先生负责收购"二希"的秘密任务。郑振铎先生立即委托了时任广东省银行香港分行的徐伯郊先生，秘密关注流失文物在香港的动态。徐伯郊先生作为金融界的资深人士，深有爱国主义情怀，并且又是香港名噪一时的收藏家，受到郑振铎的委托，深明大义，立马着手文物的抢救工作。

徐伯郊先生找到了郭昭俊，商量如何赎回"二希"。此时为抵押贷款忧心忡忡的郭昭俊，见到徐伯郊先生如见了救命稻草一般。徐伯郊先生言其大义，说明了前来收购"二希"的意图，并答应郭昭俊通过金融界的关系将贷款付清，把《伯远帖》《中秋帖》从银行里赎出来。接下来事情就一帆风顺了，顺利地将"二希"从汇丰银行里赎出来后，俩人连夜带着"二希"来到了澳门。经过北京故宫博物院马衡、金石学家徐伯郊的父亲徐森玉先生的真伪鉴定后，当场便以35万港币成交。这一回"二希"的命运算是尘埃落定，可以使人长舒一口气了。

这还不止，徐伯郊先生成功将"二希"收购后，又在香港为国家挽救了一大批珍贵的文物，又相继收购了《韩熙载夜宴图》《五牛图》《采薇图》《听琴图》等国家级的瑰宝。

今天我们虽然无法亲手触摸到《伯远帖》的真迹了，不过这不要紧，我们还是可以站在北京故宫博物院里，隔着厚厚的玻璃，细细阅读王珣的墨迹。这张帖的字迹是清晰可辨的，它的内容一般人也能够读得明白，只是一幅短札，内容简短，行文不多，仅有47个字：

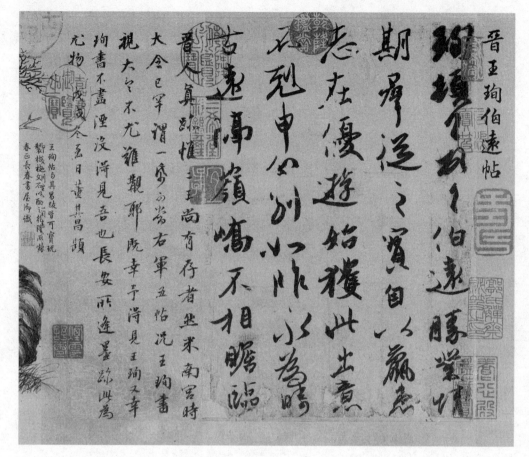

伯远帖

珣顿首顿首：伯远胜业，情期群从之宝。自以羸患，志在优游。始获此出，意不克申。分别如昨，永为畴古。远隔岭峤，不相瞻临。

简短几行墨迹的《伯远帖》，所用纸笔都是非常简约的。此帖横17.2厘米，纵25.1厘米。纸墨精良，至今依然古色照人。令人惊奇的是在这幅面积不是很大的书帖上，竟然密密麻麻地钤了53方民间收藏家的印章与皇帝的收藏宝玺。这么多的印章也印证了这部传世名帖在历史长河中经历的跌宕起伏，这过程该是怎样的吊人魂魄啊！书帖卷前，首先映入眼帘的是乾隆皇帝的御笔："唐人真迹已不可多得，况晋人耶！内府所藏右军《快雪帖》，大令《中秋帖》，皆稀世之珍。今又得王珣此幅茧纸家信堪并美！几余清赏亦临池一助也。御识。"其上并钤有"乾隆宸翰"的玺印。

　　想必这位乾隆皇帝极是喜爱这部《伯远帖》，一处玺印觉得不过瘾，又多印了几处，还在上面写了几款题识跋文。玺印除了"乾隆宸翰"，还有"乾隆鉴赏""乾隆御赏之宝""养心殿御览之宝""宜子孙"等，题跋的字样是"王珣帖与其昌跋皆可宝玩，即装池侧理亦光润甚爱，漫制枯枝文石以配之。乾隆丙寅春正，长春书屋御识"，题跋中所提"其昌"，自然是董其昌，这样说来明代大书画家董其昌也珍藏过这幅字帖，这一点倒不会错的。董其昌也是极其珍爱这部字帖，再三把玩也是忍不住在上面题了字，到了乾隆时代，乾隆皇帝弘历连同题识与玺印就一同赏爱了。

　　书帖上密密麻麻的收藏印与玺印，当然不止有董其昌与乾隆的，再往早些来说，甚至还有宋徽宗赵佶的，让人遗憾的是在明末清初的时候，被喜爱赵佶字的人割去了，割不去的是《淳化阁帖》上的记录，这一部北宋初年刊刻的书法大书，将《伯远帖》的来龙去脉、生生世世都记录得非常清楚。甚至还有后来刊刻的《宣和书谱》《书画记》《古书画过眼录》《墨缘汇观》等记录古画的书籍，都对《伯远帖》有着详细的记载。

　　如今"二希"已经完璧归赵宝藏在北京故宫博物院中，遗憾的是，只有"三希"中的《伯远帖》与《中秋帖》存在，而另一件国之瑰宝《快雪时晴帖》，还收藏在台北故宫博物院中。这便令我们产生希冀，希冀着有一天，时光荏苒，两岸同胞能够看清台湾与大陆有着一脉相承的血脉，看清世间的分分合合，挑选一个惠风和畅的日子，使"三希"再度重逢，一同回归到"三希堂"。

智永
虔诚坚守，为守一抹永恒的盛放

有谁还记得呆在楼阁30年，书不成不下来？又有谁还记得将写字的秃笔堆积成"笔冢"？身为王羲之的第七代孙——智永，作为名门望族，为何出家？至今仍是无可解释的历史之谜。饱受心苦折磨的人，在寻求心灵慰藉时，大多数人会选择投入佛祖的怀抱。智永禅师的心太过于敏感了，敏感的心灵又恰逢中国历史上少有的乱世。魏末的"正始之乱"，乱后就是西晋时期，紧接着"五胡之乱"又慌忙登场。生逢其时的智永禅师，目睹战火的连绵不绝，政权的跌宕变迁，纷扰的尘世带来的更多的是伤感，他别无选择地剃度了自己，青灯黄卷，成为了一个虔诚信徒。

太过于纠结事情的原因分析，带给人更多的是伤感，每一个选择总会有其合理性。智永禅师，名法极，王羲之第五子徽之之后，王羲之七世孙，隋唐间僧人，生卒年不详。山阴（今浙江绍兴）永欣寺僧，人称"永禅师"。他脱离红尘，皈依佛法，他的选择在中国文化史上，是一个少有的例外。在古代书法群体中，之所以能够接连不断地出现大师、大家，不仅是因为古人的一生使用毛笔书写习惯，古人也把他们的书写融进了自己的小日子里，这样的书写恬淡而富有生活生趣，更加接近于艺术的本真，少了矫揉与做作。古代是以书取士的体制，书写带有较重的功利色彩，谁的字翰逸神飞，谁的文采轻歌曼舞，这也就意味着踏入仕途一只脚了，另一只脚的踏入，无非就是例行乡试、会试、殿试的程序而已。即使无法踏入龙门，仅凭"好字"的手艺活，也可以衣食无忧了。

可偏偏王羲之七世孙智永就是个例外！

王家书艺的衣钵传人，在萧子云之前都是世代单传，王羲之之后有小儿子王献之，王献之之后有他的外甥羊欣，羊欣又传给了王洽的四世孙王僧虔，王僧虔又将书艺传给了萧子云，萧子云之后又是谁呢？智永是不可多得的最佳人选。这时，还未脱俗的智永禅师，经历了"正始之乱"，又跨过了"五胡之乱"，之后又面临突如其来的"侯景之乱"，看着眼前的时事变迁，他多想能够天下太平，可是这个愿望就像一个触不可及的梦，他所触及到的是绵延三百余年的南北朝的大分裂。他又不会趋炎附势，也不能正直负责，这可如何是好？此时在"侯景之乱"中，他的老师萧子云，为躲避战乱，离开了安宁的书斋生活，踏上避难的旅程。不幸的是，在荒山野岭中的一间破庙中，萧子云极为悲惨地受饥饿冷冻死去了。

亲眼目睹了老师萧子云的死，极为悲痛的智永禅师，内心发誓王羲之的书法艺术在他这里是万万不能断了血脉。他要走出苦海，将王羲之的书法继续传承下去。于是他走进了非常清寂的永欣寺，临池学书，竟至三十年。在那个硝烟弥漫的时代，永欣寺不仅是一个幽静的避难所，还是一个研习书法的安乐窝。在这个清净无忧的"世外桃源"，智永禅师竟然为自己建造了一间阁楼，自建成之日起，他就带着一应俱全的书法用品走进了小楼，立下誓愿，"不成书，不下楼"。衣带渐宽终不悔，为伊消得人憔悴。下了这样的决心，什么冷清，什么世间纷扰，统统都与他无关了。每天早晨公鸡一报晓，他就起床，研上一大盘墨，然后临摹祖宗的字帖。每天埋头书桌前，如痴如醉地临摹着，心慕手追着，一直临写到月上柳梢才肯罢休。一支支的毛笔都秃顶了，他也舍不得扔，于是就丢在了他拿上阁楼的大筐里，时日长久，秃头毛笔就积累了好几筐。这一写就是三十年。当智永禅师自认为自己的书法不给祖宗丢人了，才走下小楼，带着一筐筐的秃头毛笔。毛笔如何处置？智永禅师有自己的打算，他把一筐筐的毛笔，挖了一个坑，将它们倒了进去，埋了起来，并亲自撰了葬笔铭文，并把它称之"退笔冢"。

　　走下"囚阁"的智永禅师，也日渐有了名气，前来寺庙里慕名求字的人络绎不绝。智永禅师也不摆清高的架子，前来求字者，有润笔的好，没润笔的也好，只要来人在永欣寺佛祖面前燃一炷香，磕三个头，他都会为求字者赠送一幅字的。智永禅师名气日盛，有人会不远千里，前来永欣寺烧一炷香，只为求得瞻仰智永禅师一面，获得他的一幅书法作品。来的人太多了，为他送笔墨之礼的也太多了，他的书楼里"缣素绢纸，堆案盈几，先后积压，尘为之生"，他的小楼门口，也常常摆满了鞋子，来来进进、走走出出的大脚，甚至把小阁楼的门限都踏破了。想必智永是快乐的，快乐他能够将王家的书法传承传播下去了。他快乐地请工匠师傅，将自己的门限用铁皮包好，打造一副全新的铁门限。

　　多么让人热眼盈眶的"退笔冢"啊！多么动人心魄的"铁门限"啊！为了王家书法灵异之气的香火延续，智永禅师将自己宝贵的生命，全都交给了一管毛笔一页纸色。想必他的祖先们会心存慰藉的，身为"书圣"的王羲之与"亚圣"王献之，甚至之后的书法好手王珣，是否都应该去感激这位后世子孙呢？想必是会的。

　　智永禅师是聪明的，他知道仅有他的传承，而不延伸到下一代，这三十年的操守也是徒劳的，于是他开始做出一个惊人的举动——编写教材。他将《千字文》作为他的教材模板，在写《真草千字文》的同时，也抄写《真书千字文》，甚至还有《草书千字文》，这一套书帖便成为了中国书法史上第一套系列丛帖。这个教材普及工作，智永禅师竟写了八百余本，分别赠给了浙东的各个寺庙。毫无疑问，在活字印刷术还没有发明之前，智永禅师便是最勤劳的"复制机"了，他的《真草千字文》也无疑是出版量最多的手工抄本了。

　　中国历史上，怕是没有一个书法家会像智永禅师那般心甘情愿做一台复制机了吧！况且历史上只有后人复制临摹前人的，而不曾有自己复制自己的。当一个人抛却世俗的眼光时，在世俗人的面前，智永禅师大约算是个另类了吧。那时，估计没有人会理解智永的良苦用心，一直重复无效率的劳动。智永禅师甘心做一块"铺脚石"，传承王家的风范。

　　是啊，智永禅师以虔诚的心态，完成了一次对中国文化的虔诚祭奠！

　　正可谓：禅门入净，庙宇添香，闻夏鹊和鸣，叹暮秋箫声，冬雪春花逾卅载；退笔成冢，门槛固铁，引东瀛膜拜，融天西梵韵，北碑南帖越千年。

　　智永生在晋唐时期，作为晋唐文化的过渡者，在书法艺术的两座巅峰之间，他成功树立起了承前启后的里程碑。在这座里程碑的指引下，开启了后世"唐法、宋意、元明尚态、清尚质"的书风。

　　智永的书法与普及的实践，奠定了他在中国书法史上永恒的高度。都穆《寓意编》云："智永《真草千字文》真迹，气韵生动，尤入神品，为天下书法第一。"乐安薛氏云："智永妙传家法，为隋唐间学书者宗匠。"

　　在波澜壮阔的历史长河中，智永不仅有着佛门高僧的身份，而且也有卓越的书法艺术大师的美誉，著名的《真草千字文》即是智永禅师书法艺术的灿烂精品。《真草千字文》800余本散见于江南的各个寺院。只可惜时过境迁，经历风风雨雨千余载，智永禅师所留下的珍贵手迹，只剩下寥寥几篇了。我们如

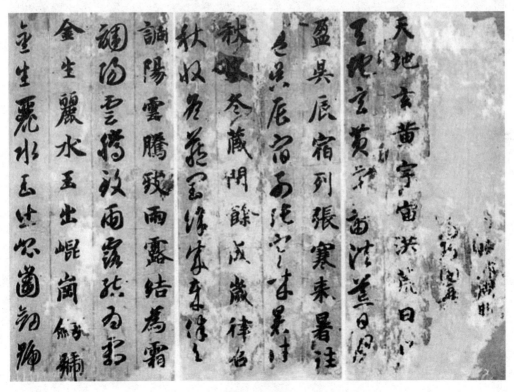

真草千字文

果静下心来，细细品读他的《真草千字文》，就能够敏锐捕捉到他用笔上一波三折，藏头护尾，含蓄而有韵律的意趣。

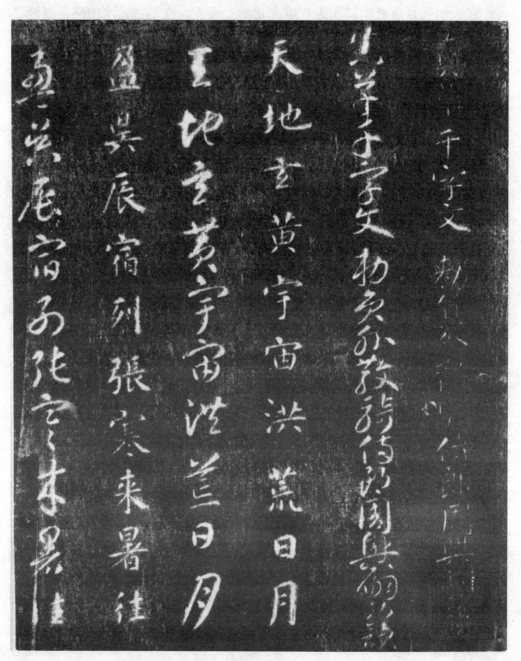

真草千字文（宋拓本）局部

　　流传今天的智永书写的《真草千字文》，有名的有四种。现存于日本的墨迹本《真草千字文》，被启功先生定之为真迹："日本藏《真草千字文》墨迹一本，乃唐时传去者，其笔锋墨彩，纤毫可见……此直是永师手迹毋庸置疑。多见六朝隋唐遗墨，自知其真实不虚。"其二是北宋大观三年（1109年）二月薛嗣昌仿照长安崔氏所藏真迹在石头上进行摹刻，俗称"关中本"。其三是"墨宝轩本"，是由清初时期的真迹刻于石上，比"关中本"稍减古意。其四"龙师起本"，卷首少了十个字，开头的字又是"龙师"，所以以此命名。明《戏鸿堂法帖》刻，后有董其昌跋。最后这一版本比前三个都逊色。下面就以最具有王家风范的日本珍藏的墨迹《真草千字文》为例，一窥智永书法艺术的魅力。

　　纵观千字文的墨迹，谨守家法，无论是起笔收笔都非常精巧，多以露锋入纸，尖锋出纸，轻灵娟秀，显然是取法于王羲之的《兰亭集序》《初月帖》。智永《千字文》的草书部分给人以"流水而畅"的感觉，草书笔断意连，端庄凝重，跌宕起伏，婉转而又生动。《千字文》楷书部分，温柔敦和、纤尘不染，整幅画作饱满而不雍肿，美俊而不削薄，相得益彰。楷书结体上，该收的收，该放的放，即使略有逸出，也在分寸之内。有的俊俏，有的温淳，有的清逸，有的凝练，每一个字都写得极有韵致，又有王家书法秀逸妍美之家风。神意相连，给人一种中和温润之美。

　　宋米芾《海岳名言》评曰："智永临集千文，秀润圆劲，八面具备。"苏轼评曰："精能之至，返造疏淡。"明董其昌《画禅室随笔》中评曰："每用笔必曲折其笔，宛转回向，沉着收束，所谓当其下笔欲透纸背者。"清何绍基评曰："笔笔从空中来，从空中住，虽屋漏痕，犹不足以喻之。"唐张怀瓘《书断》云："智永师远祖逸少，历纪专精，摄齐升堂，真、草惟命。夷途良辔，大海安波，微尚有道之风，半得右军之肉。兼能诸体，于草最优。"明解缙《春雨杂述》云："自羲、献而下，世无善书者。惟智永能家法，书学中兴，至唐而盛。"如潮的好评，我们数也数不过来，其中最能够品评智永禅师书法妙境的还要数苏东坡了。苏轼《东坡题跋》中说："永禅师书，骨气深稳，体兼众妙，精能之至，返造疏淡。如观陶彭泽（陶渊明）诗，初若散缓不收，反复不已，乃识其奇趣。"作为书法大家的苏东坡，可真所谓是智永禅师的一个知己了。

诚然，对于智永禅师的书法，苏东坡也并非一味地夸赞，他从智永书法作品中犀利观察出美中不足之处。他认为智永禅师的书法完全固守王家家法，并没有刺激人心的创新之处。苏东坡在他的一篇题跋中说道："智永禅师欲存王氏典型，以为百家法祖，故举用旧法，非不能出新意求变态也。然其意已逸于绳墨之外矣。"苏东坡这样说也是有他的道理的。这也怪不得智永禅师，因为他是要不折不扣地继承先祖的风气，走上一条不辱没家法的路途。

还有令人疑惑的疑团，就是身居永欣寺的智永禅师，为何不用他的笔墨书写佛家经文，偏偏要将《千字文》用真、草两种笔法大写特写800余本呢？他一意孤行，不厌其烦书写着《千字文》，他这是为何呢？弘扬佛法吗？大约不是。想必他如此执着的一端，是有着另一番的隐情。

身为王羲之的第七世孙—智永，作为名门望族，为何出家？至今仍是无可解释的历史之谜。饱受折磨的人，在寻求心灵慰藉时，大多数人会选择投入佛祖的怀抱。智永禅师的心太过于敏感了，敏感的心灵又恰逢中国历史上少有的乱世。249年发生"正始之乱"，乱后就是西晋时期，紧接着"五胡之乱"又慌忙登场。生逢其时的智永禅师，目睹战火的连绵不绝，政权的跌宕变迁。纷扰的尘世带来的更多是伤感，他别无选择地剃度了自己，青灯黄卷，成为了一个虔诚信徒。

欧阳询（557—641）
坚持真我，追求"质"与"妍"合一

　　在崇尚王羲之书法的时代里，他是不会忘了自己，依然坚持着自己的风格不改。如果说书法就是所谓的"法"与"意"的契合，那么更深一层次则是"质"与"妍"融会，这在欧阳询的书法中，亦有着近乎完美的体现。

　　欧阳询、薛稷、虞世南与褚遂良被称为"初唐四家"。欧阳询，字信本，出生于衡州（今衡阳）。作为唐朝楷书四大家，欧阳询位居首座，皆缘于他的书法。他的书法不仅继承了魏晋时期书法温丽婉转的风韵，还吸收了北朝刚劲朴茂的特征，融于一炉，自成一家。其书法中深刻体现出骨韵兼有、质朴妍美、重法尚意的美学风尚，极好地展示出书法家的个性特征，对于中、晚唐的书法艺术，起着极具魅力的推动作用。

　　欧阳询身上有着一股让人敬佩的痴迷劲。一条人来人往的大路旁边，立着一通碑，这是谁写的呢？原来是大书法家索靖所书。一天，欧阳询骑着马儿悠悠地走来了，他瞅见了那通碑，也看出那通碑是索靖的笔迹。他骑在马背上，在那碑前匆匆看过几眼，便掉头走了。走着走着，突然又转过身，又看了一眼碑，就是这一眼，他再也走不动了，调转马头来到了这通碑前，又立在那里看。这一次他看得非常仔细，一遍一遍地看，看得累了，索性就将随身携带的一块碎布铺在了地上，坐上去继续看……忘记了时间，忘记了一切。太阳落下山了，雾霭渐渐拢了上来，欧阳询没有离开，睡在了那通碑的旁边，第二天起来继续坐在那里看，直至第三天，他将索靖书写的碑文，一笔一画，手摹心记，牢牢地印记在自己的脑海中，这才依依不舍地离开了这通石碑。在艺术的世界里，有艺术感觉的人就是这么特立独行。不过话说回来，一个人要完成一件事情，如果没有这点痴迷劲儿，肯定是不行的。

书法中的崇"法"、尚"意"，在欧阳询书法作品《九成宫醴泉铭》中有着自然天成的体现。

历史上确实有九成宫这个地儿，它的旧址位于陕西省西北部的麟游县向西五里的天台山，距离西安有160余公里，人烟稀少，地广人稀，山清水秀，林木丰茂，是一个清气怡人的好去处。隋朝初建，隋文帝杨坚刚当上皇帝就耗费了大量的人力物力，在麟游县建立了一座避暑离宫，并为他心爱的离宫取了一个名字，叫永寿宫。隋朝于二世就灭亡了，取而代之的是李唐王朝，李世民又将"永寿宫"大大地加以改造了一番，使之更加金碧辉煌，毫不加掩饰地美其名曰为"离宫之冠"，原来的"永寿宫"也更名为"九成宫"。唐朝的皇帝，每到夏天就会来到此处避暑，直到天气清爽的时候再回去。甚至许多军国大事也是在此商议，很长的一段时期，这里成为了政治与文化的中心。

唐贞观六年（632年）六月，李世民在九成宫避暑时，宫中缺乏水源，太宗看见西城南面的楼阁下面有一块土地非常湿润，便拄着拐杖走向前去，命令手下挖掘，居然有泉水涌出，"其清若镜，味甘如醴"，于是就把它称为"醴泉"。有了水，太宗自然就高兴了，于是就命令臣子魏征撰文，来记录这件乐事，又命大书法家欧阳询书丹勒石。就是这样，《九成宫醴泉铭》这件铭文碑刻诞生了。《九成宫醴泉铭》，楷书，24行，满49字，篆书题额"九成宫醴泉铭"6字。碑高270厘米，上宽87厘米，下宽93厘米，厚27厘米。碑身和碑首连成一体，碑首刻有六龙缠绕。今石尚存，在陕西西安碑林，被定为国宝级

九成宫醴泉铭

文物。

纵观此幅书作,用笔遒劲有力,点画之间虽然瘦硬,但神采依然。字体结构端庄大方,法式严谨。外表看起来十分平和,细观之则险劲异常。字形为长方形,字距、行距相差较大,章法显得宽松而又清晰。用笔方整,方整中又见险绝,疏密、聚散对比强烈,具有超强的稳重感。法度森严,一点一画都成为了后世的楷模。欧阳询的这本《九成宫醴泉铭》被后世称为"天下第一楷书",享有"楷书之极则"的美誉,被历代书法家敬奉为"欧体"的楷模。

欧阳询书法质朴研美,深深透露着中和之美、阴阳调和的审美关照,同他书法思想中的"意""尚"这两个互生元素息息相关。他将法度与形式本身完美融合在一起,完成了从北派之"质"到南派之"妍"的变通。

《唐人书评》中言曰:"欧阳询书,若草里惊蛇、云间电发,又如金刚瞋目,力士挥拳。"欧阳询书法中呈现出一种险劲刻厉之势,他到了晚年,书法更臻于化境，他的字端庄整齐又不呆滞，端庄妩媚，干净利落，于雍容中透露出险劲之趣。《九成宫醴泉铭》是欧阳询75岁时应皇上诏令所作，当属于他晚年书法中的精品。

元赵孟頫评曰："清和秀健，古今一人。"明赵涵评曰："正书第一。"清郭尚先《芳坚馆题跋》中评曰："《醴泉铭》高华浑朴，法方笔圆，此汉之分隶，魏晋之楷合并酝酿而成者，伯施以外，谁可抗衡。"明陈继儒评曰："此帖如深山至人，瘦硬清寒，而神气充腴，能令王者屈膝，非他刻可方驾也。"……现代刘正成《书法艺术概论》中评曰：中国汉字数万单字，最难在结构各异，其视觉造型的魅力亦在此，而又施以笔法，得其'险劲'，尤难。纵观古往今来书法，其结字准确无误而得'险劲'之美者，欧阳询堪称冠绝。欧阳询来源于王羲之，而实际胎息于汇聚南北书风的隋碑，并集其大成，其《九成宫醴泉铭》也成为具有馆阁体书法倾向的楷书典则。"

据文献记载，九成宫遭遇一场水灾，几乎所有的宫室都塌陷了，令人感动的是，唯独《九成宫醴泉铭》碑岿然屹立，经历风雨千余载。毕竟是经历风霜雪雨，再坚硬的石头也会有磨损的一天，碑文上的字已有许多模糊不清，它的书法价值与文献价值也受到一定的影响。值得欣慰的是，西安人任步武在他61岁时，对西安境内遗存的碑刻，开始了一次自发性补救工作。其中就有欧阳询的《九成宫醴泉铭》，耗费了他6年时间，重新购买了一块重7吨的墨玉做碑，参照欧阳询其他的书法作品，对碑刻中模糊不清的字认真考证核对。时常会因为一个字查阅大量的文献资料，甚至去西安、去杭州请教名家，以期与欧阳询原书保持一样的格调与神韵。

如果说王羲之的书法是以温秀取胜，那么欧阳询可以说是"以南取韵，以北取骨"的"骨韵"而独树一帜。唐朝时期，李世民"独善王羲之书，虞世南最为亲近"。这让欧阳询情何以堪？他愿意保持自己，坚持自己的心，他的书法风格倒比虞世南多出来一份淬砺。南唐后主李煜评论欧阳询的书法："欧阳询得右军之力而失其温秀。"这倒是非常偏心的批评了，却也显出了欧阳询与王氏嫡传书风不同。自古以来，书画界就有"南北派"论。欧阳询的书风，独特之处在于他将北派的"淬砺朴素"同南派的"风流典雅"完美融合在了一起。众人皆知的《九成宫醴泉铭》就是这种结合的"完美体",气韵秀丽飘逸,用笔结构严谨峭劲。即使后来的其他碑帖,如赵孟𫖯《真草千字文》,也是如此,通篇缜密稳健,庄严踏实。

欧阳询留存于世的书帖与碑帖,除了闻名于世的《九成宫醴泉铭》以外,还有《张翰碑》。欧阳询既然有意于写张翰,肯定有他自己的道理。

张翰是一个非常有趣的人,他生活在中国历史上较为混乱的魏晋时期,当时所谓的"魏晋风度",在他身上亦有着深刻的体现。欧阳询书帖写他,定是被他的生命精神感动了,书帖中称他"放荡不羁"与大名士步兵校尉阮籍最为相像,为此张翰倒落了个"江东步兵"的称号。

张翰出生于江东的一个望族家庭。280年政权迭变,国家灭亡,他有过一段怨天尤人、彷徨无奈的日子。后来他放下了失落的情绪,弃家北上,到洛阳去寻找自己的新生活。他还挺幸运的,一到洛阳城,就被陆机举荐了,做了"太子舍人"的工作。他的文采非常好,无意中被李白瞧见了,就拜李白为自己的老师。张翰的诗写得很有新意,譬如他的《杂诗》开头是:"暮春和气应,白日照园林。青条若总翠,黄华如散金。"将阳光照在黄花上的意象用"散金"来比喻,李白很是钦佩,不加掩饰地在他的诗句中大赞道:"张翰黄花句,风流五百年。"

不幸的是,不久"八王之乱"爆发了。此时张翰刚来洛阳,好日子还没过足瘾,就无辜地卷进了"脑残"的晋惠帝家族之乱中,眼睁睁看着他的叔伯弟兄为了争权,纷纷起兵。生死存亡就在旦夕之间,张翰该何去何从,他不能像陆机一般,在战火纷扬中还要斤斤计较着功名,如此以来将自己推进了死亡的旋涡,沦落到了刑戮的下场。陆机在刑场上才顿悟:"欲闻华亭鹤唳,可复得乎?"哎,陆机想家了。但是此时的想家念头已经迟了。不像张翰,"思乡"的念头早就萌生。《世说新语》中记载,一向处事高调的张翰,突然变得低调起来了。《晋书·张翰传》:"翰因见秋风起,乃思吴中菰菜、莼羹、鲈鱼脍,曰:'人生贵得适志,何能羁宦数千里以要名爵乎!'遂命驾而归。"

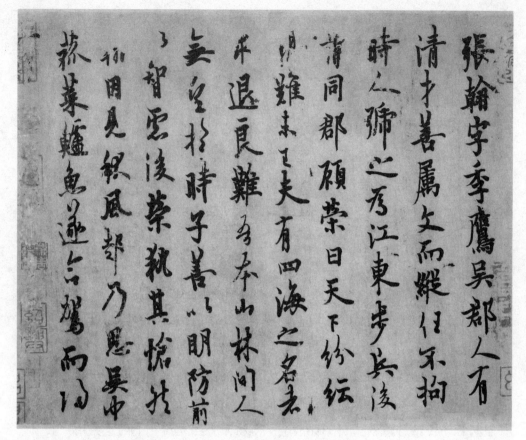

张翰帖

释文：张翰，字季鹰，吴郡人。有清才，善属文，而纵任不拘，时人号之为江东步兵。后谓同郡顾荣曰：天下纷纭，祸难未已。夫有四海之名者，求退良难。吾本山林间人，无望于时。子善以明防前，以智虑后。荣执其（疑缺"手"字）怆然，翰因见秋风起，乃思吴中菰菜鲈鱼，遂命驾而归。

这句话真可是把张翰说得透透的。"鱼白如玉，菜黄如金，隋人呼为金羹玉脍"，张翰以思念"金羹玉脍"为理由，真的是太聪明了。他以思家思念美食作为明哲保身借口，却是中国历史上比较经典的例子了。不管怎么说，张翰一直有着不可忘却的生命情怀。

《张翰帖》这部书法自然是写得极好。此帖笔力刚劲挺拔，字体修长，风格险峻，精神外露。宋徽宗赵佶在欣赏之余，在对开处用瘦金体写下的一则题跋："笔法险劲，猛锐长驱。"有评说欧阳询的书法："晚年笔力益刚劲，有执法面折庭争之风，孤峰崛起，四面削成。"这幅书帖有宋高宗赵构题跋钤印，以及清代收藏家安岐的印记。由此可知此帖曾藏于南宋绍兴内府，清代则传到了安岐的手上，后被乾隆皇帝收入内府，帖的左边原有弘历题词，被刮去了。现藏于台北故宫博物院。

虽然，欧阳询的前半生毫无选择地生活在了唐朝之前的隋朝，他能够选择自己的生活方式，生活在他钟爱的书法艺术的世界里。一直，欧阳询生活在避世的书法生活里，一个能够在前人立的一块碑前坐上三天三夜的人，还有什么事情做不好呢？手握毛笔，也是毫无选择地步入了唐代，他之前所积累的书法境界，在这个风气一新的环境，获得了一次满足的释放。称他为"初唐四家"之首，绝非是溢美、恭维之词。

意法兼容，妍质合一。欧阳询的书作，既有着北派的凌厉劲峭之"质"，又有着南派的清新雅丽之"妍"，美而不素，妍而有骨，在庄重森严的外衣之下又透露着爽达充盈的美学元素。在这个崇尚"王体"的时代里，他没有忘记自己，依然坚持着自己的风格。如果说书法就是"法"与"意"的契合，那么更深一层次的便是"妍"与"质"的合一，在欧阳询的书法中，亦有着近乎完美的展现。

张旭（675—约750）
狂草癫人

"脱帽露顶王公前，挥毫落纸如云烟"，杜甫笔下的张旭，活脱脱地展现在我们眼前，他的狂草书法的神采一直为世人所倾倒。他是当时书法界的异类，正是这样的异类才能到现在依旧成为经典，癫人一词有着疯子的意味，他对书法痴迷的行为和他的酒品实在是随性洒脱，不受拘束，但就是这样的张旭才能写出如此的绝代草书。

唐朝文化繁花似锦，书法艺术到了唐朝时期也成为了不可逾越的高峰。进入盛唐，书法更是达到了鼎盛时期。这个时期书风激越，书法界宗师级人物如欧阳询、张旭、怀素、颜真卿，都是出了名的恢弘之士，而张旭绝对是领军人物。这位贵族公子哥的出现闪亮了书坛，他创造的狂草书体，以狂草奏响了华茂之音。

张旭是唐开元年间人，字伯高，吴郡（今江苏苏州一带）人，初为常熟尉，后官金吾长史，或做率府长史，所以后世称他为"张长史"。他为人倜傥闳达，姿性颠逸，不修边幅，卓然不群；一生嗜酒，又是诗文兼工的文学家，长于七绝，意境清寂幽远。他的作品传世虽然不多，但篇篇精妙绝伦，好似信手拈来，有引人入胜的魅力。如脍炙人口的《桃花溪》："隐隐飞桥隔野烟，石矶西畔问渔船。桃花尽日随流水，洞在清溪何处边？"当然他最拿手的还是书法，不仅楷法精妙，更以他的拿手绝活草书擅名。

在唐朝当时素有"诗圣""酒圣"等称呼，而张旭也因草书被誉为"草圣"。他的书法创作是在继承张芝与王献之风格的基础上，把草书理性与法度、癫狂与奔放揉为一体而得之。他的传世书迹除楷书《郎官石柱记》外，草书有《肚痛帖》《古诗四帖》等。

盛唐时期，以张旭为代表的一派草书风靡一时，它打破了魏晋时期拘谨的草书风格。把草书在原有的结构基础上，将上下两字的笔画紧密相连，所谓"连绵还绕"，有时两个字看起来像一个字，有时一个字看起来却像两个字。在章法安排上，也是疏密悬殊很大。在书写上，也一反魏晋"匆匆不及草书"的四平八稳的传统书写速度，而采取了奔放、写意的抒情形式。正如唐代文学家韩愈《送高闲上人序》中所云："往时张旭善草书，不治他技，喜怒、窘穷、忧悲、愉佚、怨恨、思慕、酣醉、无聊、不平，有动于心，必于草书焉发之。观于物，见山水崖谷、鸟兽虫鱼、草木之花实、日月列星、风雨水火、雷霆霹雳、歌舞战斗，天地事物之变，可喜可愕，一寓于书，故张旭之书，变动犹鬼神，不可端倪，以此终其身而名后世。"其实，不论在任何领域我们只有创新才能独领风骚，而不能只是一味地模仿，不论模仿得再像再好都无法超越原作，还不如自己另辟蹊径，独树一帜的好。

盛唐有著名的八大酒鬼，杜甫美其名曰"饮中八仙"，张旭和他的几个铁哥们李白、贺知章都上了这个"光荣榜"。李白的做派大家都知道，那是出了名的"天子呼来不上船"的主儿；贺知章自号"四明狂客"，也是老顽童一个；张旭和这些人穿一条裤子，天天混在一起，是什么角色就可想而知了。

同为超级酒鬼，张旭的拿手节目还没开始，就已经像喝高了，每次喝酒都是未饮酒先有三分醉，其实这时候都是在酝酿接下来的"演出"。等到酒一下肚，他就开始扯着嗓子大叫、满地狂奔，一个劲儿嚷嚷要毛笔，然后尽兴挥洒，把草书写得神韵流动。然而酒醒之后，张旭再也写不出那个境界，他自己都觉得很纳闷：这字居然是我写的，我原来这么牛！

张旭一生的心思全花在了琢磨练字上，家里满院荒草、家徒四壁，他不是满不在乎，而是翻着两眼瞪着天，压根儿就没看见。如此没有经济头脑，在社会上自然就吃不开了，只做过长史、县尉这样的基层干部。

话说男人喝酒就是壮胆，张旭也不例外，只要酒一下肚，他就感觉良好得仿佛自己是国家重臣了。当着王公大臣的面，把帽子一扔，娴熟地开展他那套老业务。在唐朝，在人跟前不戴帽子是极其失礼的事情，所以张旭摘了帽子在这些贵胄面前猛喊瞎跑，类似于现代行为艺术家的裸奔了。这在裸奔事业远没有今天这么普及的唐代，实在是骇人听闻。喝酒时一旦兴之所至，张旭就用头发当毛笔，蘸了墨水大写狂草，写出的字全是神品。这位仁兄改变了书法的传统用具，竟然用头发蘸墨来写字，可谓癫狂至极。有人说投入之深可见其癫狂，他对于书法的热爱程度可以与欧洲的贝多芬等音乐家相媲美，只要灵感一来就不管三七二十一随时随地创作。

张旭这一手绝活确实很帅，属于非主流的写法。此后照葫芦画瓢的不胜枚举。元朝有一个知名画僧叫温日观，画的葡萄尤其出名，属于皇家收藏的珍品。这位和尚画画的手法和张旭如出一辙，先喝个烂醉，然后大叫大嚷地用脑袋蘸了墨水开练。不过老张那是软笔，温日观的应该算是硬笔了。酒后癫狂却有意外的收获，也不失为一件好事。

草书狂放不羁的个性在张旭身上可谓是体现得淋漓尽致了，他能将生活琐事触类旁通，在茶饭之间只要有所得所获，即熔冶于自己的书法中。比如：他在河南邺县时爱看公孙大娘舞西河剑器，当别人都在看公孙大娘曼妙的身姿的时候，他则是把目光聚集在上下翻飞的剑影上，由变化多端的舞法，而联想到了书法，一时间灵感如泉喷涌，独创了狂草的新写法。张旭深得草书笔法，将其中的技法传授给了崔邈、颜真卿，张旭讲了从公主与挑夫争着走路而悟得草书笔法的意境。可见他对生活的实物观察的认真细致，仅从走路之中也看出奥妙，实在是非常人所能。

相传张旭的墨宝，在唐朝时已经价值不菲，当时人们只要得到他的片纸只字，都视若珍品，世袭收藏。那时候，张旭有个邻居，家境贫困，听说张旭性情慷慨，就写信给张旭，希望得到他的资助。张旭非常同情邻人，便在信中说道：您只要说这信是张旭写的，要价可上百金。邻人将信照着他的话上街售卖，果然不到半日就被争购一空。邻人高兴地回到家，并向张旭致万分的感谢。如此说来如果张旭活到现在肯定有很多的人给他写信，当然这只是玩笑，同时也体现出张旭这个人不吝啬自己的墨宝，愿意去救济穷人，可见他也是心地善良之人。

张旭的字因为价格不菲，就会有心怀鬼胎之人打鬼主意。话说张旭被任命为常熟县尉才十多天，就有一个顽固老翁为了一件小事到县衙内告状，不过也就是谁家小孩偷了他家的枣，张旭给他写了一张判决书，不料过了数日，这个老翁又拿一些鸡毛蒜皮的小事来告状，张旭非常恼火，责备这个老翁道："你怎么敢为了一件细小闲事屡次来求判，吵扰衙门！"在多次询问后，这个老翁终于实话实说："我实在不是为了再来求判，而是因为看到你上次判决书上的书法笔迹奇妙，想多得一些作为墨宝珍藏起来。"原来是倾慕于张旭的书法来骗字的，但当张旭在谈话间得知这老翁家藏有其先父的遗墨精品时，就要他拿来观览。张旭看到先父的墨迹时，惊呼"天下工书者也"，从此，张旭尽得运用笔法的妙旨，书艺大进，成了冠绝当时的一代书法大家。

张旭是狂草的真正创造者。在唐代书法革新的浪潮中，他率先揭竿而起，矛头直指占据"霸主"地位的钟繇和王羲之。亲眼见过张旭作草的诗人皎然仔细地记录下了这一史实："先贤草律我草狂，风云阵发愁钟王。须臾变态皆自我，象形类物无不可。间风游云千万朵，惊龙嗷踏飞欲堕。"（《全唐诗》）律者律法，狂是叛逆。这里张旭把钟、王，主要是大王的草书，叫作"律"，把自己创造的草书，叫作"狂"，这是何等的胆识和气魄！一个"狂"字，代表了张旭的审美理念，也代表了他所坚持的创作纲领。"狂"的含义，一是"率意"，二是"奇异"，三是"无畏"。唯其如此，才能"顿挫郁屈，气踏欧虞"（董其昌语）。

张旭的《古诗四帖》是历代文人墨客临池学书极其珍贵的实物资料，也是张旭唯一流传于世的墨迹。但是在这仅有的一幅作品中已经把张旭高超的草书技艺表现出来。接下来就以《古诗四帖》说一说他的草书到底好在哪里，而不是如同鬼画符那样看不出其中的价值。

《古诗四帖》是我国书法史上最负盛名的狂草书帖。横195.2厘米，纵29.5厘米，共40行，188字，以五色彩笺纸草书古诗四首。这四首诗，前两首书写的是梁

古诗四帖

庾信的《步虚词》,后两首是谢灵运的《王子晋赞》和《岩下一老公四五少年赞》,卷后有董其昌等人题跋。该图曾经宋宣和内府,明华夏、项元汴,清宋荦、清内府收藏,后在清朝覆灭时期,由溥仪逃亡时带出到吉林,在溥仪被俘后,《古诗四帖》被交给当时的东北人民政府,现收藏于辽宁省博物馆。

　　《古诗四帖》集中印证了古人评价张旭草书的风格特点。通篇布局大开大合,大收大放,在强烈的跌宕起伏中,突现了雄肆宏伟的势态。全帖行文酣畅淋漓,似"赤骥白荣,一驾千里",颇有咄咄逼人之势。其字形变幻无常,缥缈无定,时而若狂风大作,万马奔腾;时而似低昂回翔,翻转奔逐,充满着"忽魂悸以魄动,恍惊起而长嗟"的变化。艺术家的豁达潇洒、真诚率意跃然纸上。

　　先看运笔。在运笔上,此帖圆转自如,含蓄而奔放,随着感情的宣泄,笔致有节奏地忽重忽轻,线条随意流走,或凝练浑厚,或飘洒纵逸,浓墨处混融而富有"屋漏痕"般的质感,枯笔处涩凝而独具"锥画沙"般的张力,点画与线条的各谐组合,构成了一幅生动自然、雄伟壮阔的书法画卷。张旭的运笔看似任意挥洒,其中的规矩无处不在。孙过庭《书谱》说过:"真以点画为形质,使转为性情;草以点画为性情,使转为形质。草乖使转不能成字,真亏点画犹可记文。"一语道出了草书使转用笔的最突出的特点。在草书书写过程中,灵活地转换笔锋是狂草书法最典型最基本的笔法。《古诗四帖》运笔连绵回绕，暗中换锋。如"帝""纷""教"等字，多个环绕均用中锋转笔，没有"转卸皆成偏锋"。即使偶有偏侧，如"千"字，也能拢得住笔锋而使笔画刚劲有力。同时这种偏侧，散锋涩行运笔的频繁使用，成了《古诗四帖》在面貌上区别于怀素狂草的最显著的特点之一。使转并非单纯指圆转运笔，应包括折和转两种方法。笪重光《书筏》云："数画之转接欲折，一画之自转贵圆；同一转也，若误用之必有病，分别行之则合法耳。"请看帖中的"盖""苹""景"三个字，包含了三种横的使转方法。"盖"字第一横为折笔映带；"苹"字上两点接第一横为转笔映带；"景"字字头接长横为暗中逆入析笔。通观全帖，最为流畅的转笔映带并不多见。明白此理，可避免因一味圆转而造成的流滑软俗之病。

张旭虽癫，却癫而有度；作品虽狂，却狂而不草！此帖初看满眼缭绕，细辨则字字分明。这主要是因为用笔上交代清晰，点画爽而不乱。单看"苹"字，点画之间的牵丝极为分明，点画处皆重，中间的连笔却轻盈如羽。虽然变化多端，但是其中的法度丝毫不紊乱。整帖构成美的诸多元素达到了水乳交融的境界，激越的情感驱动着迅疾的挥运，挥运中的思绪又受着自觉或不自觉的微妙的理性的控制。不仅奔放豪荡，又严谨缜密。理性与感性自然完美地交融合一，为我们展现出了一个变幻不已、生生不息的意象世界。我们可以清晰地看出，张旭笔下尽管有着波涛的汹涌，有排山倒海的气势，但是，全篇若没有理性的主导，我们将看到的是一个昏暗且杂乱的世界。

世人多认为，以"喷涌式"的情感表现为激越的狂草不能归到"理性"之列。宗白华先生在他的《美学与意境》中就说："静穆的关照和飞跃的生命构成了艺术的两元。""静虚式"与"喷涌式"的创作方式都要求书家处于一种高度自由的心境，这两种方式都可以在理性的控制下进行高度速写。张旭的狂草《古诗四帖》看起来很狂，但章法却是规范的，他是在王献之、张芝行书的基础上升为一种狂草。细细品味他的书作，许多细微的笔画、字间过度，都清清楚楚，绝没有癫狂的道理啊！张旭的草书是在情绪激动下促使的节奏加快，又是在高度的理性下在"度"里"度"外徘徊，这才是一个真正的草书大家必备的精神因素。

假如，张旭没有高超的艺术修养，没有了然于胸的理性与动力框架，他的癫狂则只能使他成为一个精神病院里的"长者"，"草圣"之称也就枉然了。

"心灵必须表现在形式之中，而形式必须是心灵的节奏。"（宗白华语）在张旭另外一张狂草作品《肚痛帖》中把这种真正的心灵慨叹，作了妙不可言的发泄。张旭是开创新草体的一代宗师，这种功劳有形无形地成为了张旭的代言。《肚痛帖》书写过程是理性的，因为他注重行气的逻辑性与完整性，只不过书写速度加快，情感超越了平和心态的饱和临界点，以致情感超越了书写本身，其特有的感染力得以彰显。张旭的奔放是熟练把握线墨技巧后的放纵，挥洒间风度翩翩。

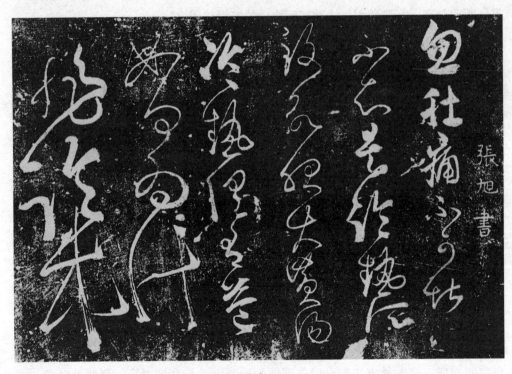

肚痛帖

释文：忽肚痛不可堪不知是冷热所致欲服大黄汤冷热俱有益如何为计非临床

《肚痛帖》是张旭肚子疼时一张自诊的医案。以此可以推出他在书写时情绪的异常。"忽"字则说明病来的突然，在这种唐突毫无准备的情况下，"不治他技，喜怒、窘穷、忧悲、愉快、怨恨、思慕、酣醉、无聊、不平，有动于心，必草书焉发之"的他，即使身体不舒服，也要发于草书，也就是他对草书的热爱已经达到了几近痴迷的程度，草书已经成为他生命的一部分，也是释怀的手段。我们不可以亵渎《肚痛帖》，也不能小视一代草圣的真实情感，以及理性思维的而一语贯之的"癫狂"。此帖共6行30个字，除了末尾两行饱有狂意之外，剩下的皆没有癫态。开头两字"忽"与"肚"用笔沉稳，起收之间不冗繁，转折处有明显的振笔动作，似有意而为之却是率真有趣，似有造化之功而无做作之态。似乎越往后张旭的肚子越痛了，连字体也越加狂草起来了。书的精彩绝伦之处就在后两行。人们往往认为《肚痛帖》的狂尽在于此，我却认为，张旭的果敢、大胆用笔，"非"字的二次用墨，线条的轻重缓急，章法的疏密构成……无异是张旭理性控制下的"逸越"的奔突，更是情感与理性完美结合的产物。

　　假如，张旭的癫狂是无度的，思维是混乱的，那么他的《古诗四帖》和《肚痛帖》就不可能达到至精、至妙、至高的境界。

　　任何一种艺术越是将它的特性发挥到极致才能显示出它的本质特征。草书的特征，是打破了字、行之间的独立构架，改变为连贯、通达、虚实、断连等变化使其上下融会贯通、气脉相连。张旭的癫狂个性无疑给狂草书以强大的生命力，维系着这"生命"的元素，就是在狂草中起主导作用的张旭的"度"。"没有节制的自由和没有自由的节制同样是有害的"。中国人一向崇尚"中和"之美，在书法中较为倾向"逸"，而不是疏狂与不羁，"逸"是一种闲适，故而书法中那种悠然自得的东西被大多数人所接受，这是靠人们的审美理想所决定。

　　为什么张旭的"癫狂"能被人所接受？为什么《古诗四帖》与《肚痛帖》能够流传？我想，从张旭的书法中我们能够发现他的"中和"之美，他的"野逸"是他情感激越与他在创作时的内心无欲的契合。假如将情感挥洒作为书写狂草的第一信号的话，那么醉鬼和酒徒也肯定是"书圣"了！因为尼采说过"世界的构成由于两种精神：一是梦，梦的境界是无数的形象；一是醉，醉的境界是无比的豪情"。用"无数的形象"和"无比的豪情"托与锋毫，再现尺素，也只能以失控与狂乱的现像公示书法艺术。很明显，张旭是清醒的、理智的，也是无欲的。

　　张旭令我们感动。他留下来的不仅是狂草给人们的艺术感受，还有更多是在昭示、启发着草书的未来。现在，我们仍然神往着张旭的艺术境界，心慕手追着他狂放奇纵的"狂草之风"。他创造出来的新体狂草如此尽兴，体验着宇宙元气的流动，流出自然万象的美，流出他心灵的美。

作为一代狂草大家，被后世之人称之为草圣的张旭，以狂草肆意着个性，抒发豪迈的情怀，打破了"盛唐之音"笼罩下的社会氛围与艺术结构。人们不止一次地认为张旭是感性的，就是因为他的癫狂个性才成就了他"草圣"的地位，使新体狂草惊世骇俗。我认为，一切感性的艺术品背后皆有着高度理性的因素在支配着。张旭的狂草有着如此高的艺术品味，且又受到历代书家的高度评价，其根本在于：张旭虽癫，却癫而有度；作品虽狂，却狂而不草。他癫狂的背后是他的理性一再控制着书作的全局，维系着他的艺术生命。

从始至终给我最深感触的是，张旭一直是一个智慧而又清醒的人。假如，他没有智慧没有清醒，又怎么能够在一千多年前将书法领向纯艺术的境界，开创一个草书的时代呢？或许张旭早就已经意识到自己将线条铺张到了极致，登上了草书的巅峰，至今从未被超越！

怀素（725—785）
线墨就是生命的全部

他不仅是一位艺术家，还是早期的行为艺术家或者说是表演艺术家。中国古代的书法家大都多才多艺，诗书画甚至音乐样样精通。唐代著名的书法家诗文并茂是极普遍的，贺知章、王维、李白、杜甫等不仅是大诗人，还都是书法名家。唯有怀素，才是一位彻彻底底纯粹的书法家。线墨构成了他生命的全部。

怀素，唐代著名的书法家，擅写狂草，是一位出家僧人。甚至没有为后世留下姓名，甚至没有具体的生卒记载。在那个尊卑分明的年代里，他始终是一个卑微的和尚，幸运的是他生在较为开明的唐朝，在那个崇尚艺术的朝代里，他将自己的天才发挥得淋漓尽致。他手持一支毛笔，从南蛮之地的角落里，印证了李白的"仰天大笑出门去，我辈岂是蓬蒿人"，北上来到了洛阳。洛阳似乎并不是他理想中的天堂，怀素站在繁华的长安街中茫然四顾，还好他是个和尚，辛苦对他来讲就像家常便饭，只要有笔和纸，那就是他的天堂。

自幼就出家当和尚的怀素，有着惊人的学习毅力。在寺庙里，他对书法产生了兴趣，从此便一发不可收拾。他偷偷地将寺庙中的纸张笔墨搜集起来，纸不够用了，就正反两面用，就这样默默地练习书法。搜集的笔墨很快就用完了，身无分文的怀素也无力购买，沮丧万分。直到一天，下过雨后，怀素站在寺院的门口忧心忡忡，心里一直想着如何才能尽快找到练字的纸。他放眼四周，寺院外种着几株粗壮的芭蕉树，芭蕉肥厚的叶子，随风舒展，异常漂亮。怀素的眼睛突然放光了。第二天，寺院中的和尚惊奇地发现怀素这位小师弟，在念经之余，跑到寺外的空地上掘土翻地，要种什么东西的样子。师兄们都好奇了，寺院虽然不很富裕，但也不愁吃不愁穿啊。百思不得其解！一段时日之后，那片耕种的土地上发了芽，叶子尖尖的是芭蕉。一个月之后，寺院外长出了一片不大不小的芭蕉林。怀素每天晚上兴冲冲地跑到芭蕉林中摘一大把芭蕉叶回来，回到住处将叶子展平，以芭蕉当纸，在上面书写。他经常写字写到后半夜，毛笔写秃了不知多少支，芭蕉叶耗费大得惊人。渐渐地他的书法越来越好了，芭蕉林也渐渐光秃秃的，有一位师兄好奇地去数了数，发现竟然有不下一万棵芭蕉树。

"芭蕉为纸"也渐渐传出了名气。许多人都想亲眼一睹写罄万株芭蕉的小和尚。慕名来到寺院的客人越来越多了，将门槛都快踏破了。面对众多人的仰慕，小和尚也并没有得意忘形，因为他还烦恼着呢：芭蕉叶用光了，他没有"纸"了啊。同门的师兄为他想了一个好办法，他为怀素找来的一个大大的漆盘，可以在上面书写练习。小和尚喜得眉开眼笑，赶紧谢了师兄。师兄信誓旦旦地说："这样不怕没有纸了，毛笔是软的，你总不会把这个漆盘磨穿了吧。"每天怀素在漆盘上写了擦，擦了写，时日长久，漆盘越来越薄，终于有一天，漆盘露出了一个洞。于是小和尚将漆盘穿起来挂在了墙上，心想着怎样才能再弄一个更厚一点的漆盘来。师兄踏进门来看到怀素默默看着墙发呆："师弟，你在面壁参禅吗……"话没说完就惊呆了："师弟，你还真将漆盘磨出个洞啊？"小和尚无奈地点了点头。师兄缓过神来，一溜烟地跑开了，风中传来的他的话："师弟，你等一等……"不一会儿，师兄领着院里的方丈和老僧人一块儿来了，师兄慷慨激昂地为他们讲述了怀素蕉叶为纸、漆盘磨穿的故事，老和尚们听后也暗暗不住地惊奇。几日后，寺院特意为怀素买来了特大号、特别厚的漆盘，让怀素拿去书写练字。怀素欣喜若狂地谢过方丈与师父们，天天在漆盘上笔走龙飞，挥洒书法。此时怀素的书法已经非常有名气了，他书写万株蕉叶、写破漆盘的传奇也传得沸沸扬扬，当地人都知道了这位名不见经传的"书僧"。

　　僧人书法，是艺术中的综合体。它既是崇尚佛法风气的体现，更是崇尚书法的反映。可以说僧人不崇佛便不做一个僧人，既为僧人又尚书法是极为自然的事情。这是由于僧人想要扩大佛教的影响，必须抄录经文四下传播才行，所以经书书法应运而生。怀素的书法可以说是僧人书法的代表，一种僧人书法的文化精神，包含着崇佛与尚书的两种精神。

　　禅悟的"活参"对怀素有着深刻的影响。人有秉性，各有人格。怀素兴许是一个多血质的人，与压抑人性的寺庙多有格格不入的地方。促进他疯狂创作的原因有两种元素：一是酒，二是狂禅。酒是促进创作的催化剂，可以使人摆脱俗念，可以激发灵感。怀素的酒量令人不能小觑，"十杯五杯不解意，百杯以后始颠狂"。而狂禅的萌发，甚至能够发展到纵欲的地步，能够给"不拘细节"的怀素以自然的心性与创造能量，使他慷慨激昂，蔑视权贵与俗流，不愿被佛门戒律、世俗成见束缚左右。他的书法狂态中有夸张，有异态，但绝无丑、怪、野。正如宗白华先生所说："静穆的关照和飞跃的生命构成艺术的两元。"怀素草书中的生命跃动与静穆观照极为恰当地合乎比例，构成了他书法艺术独特的艺术价值。

　　怀素也仅是一个僧人，不是贵族，没有王献之的尊卑观念，也少了一份张旭的矜持。这挺好，令他更加游刃有余地行走在书法江湖，身怀屠龙刀，为人们带来惊叹与快乐。他所积累的文化底蕴与惊人的才华，使得欣赏他的不仅只有仰慕他笔墨的草根一族，还有一大帮名流，其中就有名极一时的诗仙李白。

　　一个阳光和煦的午后，长安一景园外，怀素的舅舅钱起特意准备了10丈墙长廊，为他安排了一次草书秀，等待醉饮中的怀素达到书写的理想状态。令人激动的是这场宴会请来了诗仙李白！此时的李白已经59岁了，已不再是那个在朝廷之上要高力士脱靴的年轻人了，即使仕途上的失意，也并不影响他的声望，他依然是人们心中的仰望。那一天，长安城内万人空巷，蜂拥挤向景园。怀素来了，带着少许腼腆，毕竟才23岁！他拿起笔，腼腆不见了，他大呼一声，手执毛笔，挥舞地洒向了洁白的墙壁，正如诗人所写的那样"忽然绝叫三五声，满壁纵横千万字""驰毫骤墨剧奔驷，满座失声看不及"。明星会一般激动的场面已不必赘述了，诗仙李白却潸然泪下。这样放纵，这样热烈，这样洒脱！许久都不曾见到这样开怀畅意了！是张旭来了吗？是好友裴旻来了吗？这少年，多么富有开元盛世的风采。欢呼声又起，怀素收笔，大喊一声，将笔掷向了人群，人群中一片尖叫。沉浸在美好状态里的李白，如梦初醒，见俊秀少年走向自己，拜倒在自己面前。李白叫道："拿笔来。"此时已经准备好笔墨纸砚的钱起，快速将笔递向诗仙。李白疾步走向案前，挥笔写下《草书歌行》：

> 少年上人号怀素，草书天下称独步。
>
> 墨池飞出北溟鱼，笔锋杀尽中山兔。
>
> 八月九月天气凉，酒徒词客满高堂。
>
> 笺麻素绢排数厢，宣州石砚墨色光。
>
> 吾师醉后倚绳床，须臾扫尽数千张。
>
> 飘风骤雨惊飒飒，落花飞雪何茫茫。
>
> 起来向壁不停手，一行数字大如斗。
>
> 恍恍如闻神鬼惊，时时只见龙蛇走。
>
> 左盘右蹙如惊电，状同楚汉相攻战。
>
> 湖南七郡凡几家，家家屏障书题遍。
>
> 王逸少，张伯英，古来几许浪得名。
>
> 张颠老死不足数，我师此义不师古。
>
> 古来万事贵天生，何必要公孙大娘浑脱舞。

在那个诗歌的年代，性情中人是不拘于礼法的。诗仙李白的"我师此义不师古"将怀素称之为老师。孤傲古怪的怀素也对李白十分景仰。这一段佳话，俨然与金庸小说中的黄药师与杨过有着极为契合的相似之处，将魏晋风度展现得淋漓尽致："礼教岂是为我辈人所设！"痛快之极！

怀素并没有令人念念不忘的诗歌流传下来，却有激动人心的《自叙帖》至今存活着。777年，不惑之年的怀素，写下了一幅令人惊叹的《自叙帖》，这部帖子奠定了他在书法史上"草圣"的神圣地位。《自叙帖》长卷横755厘米，纵28.3厘米，是由15张白麻纸连接而成的，共126行，695个字。怀素创造了一个书

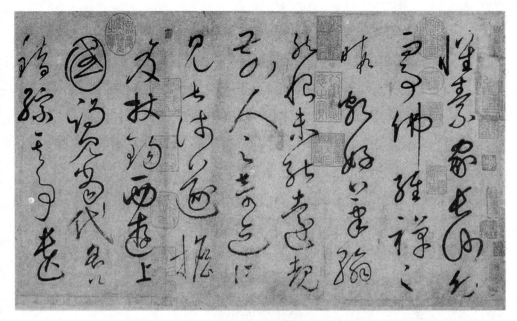

自叙帖（卷首）

法奇迹。

这篇怀素自我推销的短文，内容上可分为三部分。第一部分，怀素用80余字记录其生平大略；第二部分，250余字，节选颜真卿《怀素上人草书歌序》，书写怀素"迅疾惊人"的"草书"气象；第三部分，怀素将钱起、朱遥、李舟、戴叔伦、窦臮等八人的赠诗，只摘录其中精美的部分，按"叙机格""述形似""目愚劣""语疾迅"这四部分内容，以一种排山倒海、舍我其谁之势铺张开来。真是"狂来轻世界、醉里得真如"，对于怀素而言，"狂"与"醉"真是一种境界！在文章的末尾，怀素还是顾忌的，担心这么多华美丽词人们会说他借众人之口在宣传自己，于是又在末尾附加了一句："固非虚薄之所敢当，徒增愧畏耳。"不管他如何解释，傲然自诩的情绪跃然纸上。怀素用神仙墨舞般的笔墨，将狂草艺术的魅力，演绎得淋漓尽致，堪称狂草书法的千古绝唱。

怀素的草书无疑有作秀的成分，其实还有功利之心在里面，当然还有一点点自恋的情结，要不然他怎么会将《千字文》写上上百本分赠给诸寺院？他这么做的原因，沽名钓誉的心理还是有的，其目的还是想让人们学习他、记住他。这大概是出身于贫苦家庭的子弟最高的境界了。不过他值得被人们记住与仰望，更值得千古流传。从他仅存于世的书法墨迹上看，譬如《自叙帖》《千字文》《苦笋帖》《食鱼帖》等，哪怕只是匆匆一瞥，他的书法情怀也可以一目了然。

怀素，一个自幼出家的人，从小饱尝辛酸苦楚，即使他在成名之后也备受士大夫阶层的侮辱与嘲笑，为表达心中的愤恨与怨气，借酒佯狂，见壁即书。他著有《自叙帖》《律公帖》《苦笋帖》等，风格多样，饱含一种超世拔俗、灵性豁达的气韵。代表作《自叙帖》雄浑挚健、沉着豪迈，完全是心灵释放的产物，有着生命的激情与悲壮，点画之间，"势尽意不尽"，包含无穷无尽有意味的形式与"线"的艺术，独立而自由地展现着书家的精神与意趣。如果说张旭的书法艺术表现的是对社会人生的情感反映，展现的是起于二性的"凡情"；那么怀素则抒发的是"不生有无、善恶、爱憎，名二性空"的"圣情"。如此纯洁与高贵，这种无我之境，将亘古永恒的悲剧意识升华到宏大的悲剧精神，书法家的心灵也顿时变得空灵与无垠。

苦笋帖

释文：苦笋及茗异常佳，乃可径来。怀素上

此文大约意思就是：苦笋和茗茶两种物品异常佳美，那就请直接送来吧。怀素敬上。

苦笋是一种蔬菜，笋肉色白，一样寻常做法为炒、拌、泡。清香微苦，回口爽甜。宋代黄庭坚的行楷书墨迹《苦笋赋》有"甘脆惬当，小苦而及成味。温润积密。多啗而不疾人"句，它的口感与喝茶很相似。

此帖书法俊健，墨彩如新，颇得"二王"书法之韵，是怀素传世书迹中的精彩之笔。《苦笋帖》共两行，14个字，字不多，但技巧娴熟，精练流逸。再看运笔，多用枯墨瘦笔。笔画粗细变化不多，却有着单纯明朗的特色，给人一种疏放的感觉，与其奔流直下、一气呵成的狂草书势相得益彰。运笔如骤雨旋风，飞动圆转，虽变化无常，但法度具备。

其上有乾隆御跋，曰：

苦笋及茗异常佳乃可径来怀素白，此卷前有瘦金书笺和玺，疑曾入御府而书谱不载，岂偶遗之耶？董香光谓以淡，古为宗之为宗论目书。释文如右，甲戌夏。御书。

徐邦达在《古书画过眼要录·晋隋唐五代宋书法》评《苦笋帖》："草中带行，用笔圆浑精劲，细箸入骨而不枯硬；结构谨严不作狂态，出于右军而加以变化，自成一家；其中如'常佳'等字还能看到一些王氏法度。生平所见怀素书，断以此卷为真迹无疑。"《苦笋帖》是最早的与茶有关的佛门书法，也是禅茶一味的衍生。苦笋与茶的性状，同佛道中人有许多相通的地方，茶与禅亦有着种种缘分。《苦笋帖》"狂诡"姿态弱，而尽显逸态之姿，颇有古雅淡泊的意趣。

《食鱼帖》的发现，在怀素仅存于世的墨迹当中，带有惊险的传奇色彩。《食鱼帖》经历了"文化大革命"，险遭厄运。当时贵重的《食鱼帖》被山东潍坊的一家姓丁的名门望族收藏着，抄家的造反派把他家中的"四旧"移放在了青岛博物馆中。直到"文革"结束后，鉴定家徐邦达率领一个小组，辗转全国各地，对馆藏文物进行鉴定。青岛博物馆他也去了，鉴定了几天，准备回去，转身又问馆内的工作人员是否还有其他文物？工作人员摇头说没有了，后又补充说："还有一批准备处理的次级文物，不知是不是值得看？"谁知徐邦达关心的就是各个博物馆不起眼的文物，他知道会有众多久远的经典其实就在那些不入流的文物里。于是他重新安顿下来，寻找经典。这次意外发现怀素的《食鱼帖》。徐邦达欣喜之余又不免惊出一身冷汗，如果没有在此地寻找，《食鱼帖》的下场不知道又会如何。

这幅名帖，长129厘米，高51.5厘米，共计8行56个字。书帖前的引首是清代书画家米汉雯所题的"翰珍"二字，上面有"唐怀素草书食鱼帖"小字标识。帖后有自宋代以来历代书法名家和珍藏家的题跋与收藏印章。印章清晰可鉴。不仅有宋代的"希"字半印，元代的"张氏蓬山珍赏""句曲外史""乔氏贵成"等，又钤有元代赵孟頫、乔簣成、张晏、张雨，明代项元汴、项笃泰、华幼武，以及清代何元英等收藏、鉴赏家印88方，历经四朝，传千年，是现存怀素四件公认传世作品中的佳作，极其珍贵，堪称国宝。

呵呵，这个怀素和尚，到了长安城，却为不能吃鱼在发牢骚呢！在今天，我们不免要为他的率真可爱发笑了。帖的内容，又是鱼又是肉，这本是出家人所忌讳的，可怀素偏偏不，反过头来埋怨起议论他吃肉的人了。一个和尚，如此不避隐晦，不守清规戒律。

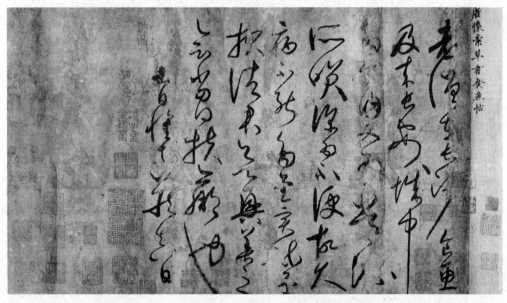

食鱼帖（古摹本）

释文：老僧在长沙食鱼，及来长安城中，多食肉，又为常流所笑，身为不便。故久病不能多书异疏还报。诸君欲兴善之会，当得扶赢也。□日。怀素藏真白。

　　面对艺术市场，一旦碰到久远的名家书画艺术品，尤其珍品，许多人就会按捺不住激动的心跳，正像比尔·盖茨1994年在美国纽约花了3000多万美金拍下达·芬奇的几十张纸稿一样，并不是为了看他写的是什么，或看他画得好看不好看，为的是对经典与大师的景仰。2000年11月，中国现存比较古老的书法作品——怀素的《食鱼帖》在中国嘉德国际拍卖有限公司参加秋季拍卖，不同程度地搅动了中国的艺术市场。当时不少媒体与鉴定人士说："这部长期流传在民间的稀世之作极有可能创造中国书画拍品成交额的最高纪录。"然而，正当人们期待之时，2000年11月2日，怀素的《食鱼帖》以880万元开拍，至1000万元因为没有达到保留价而流拍。最终原因不管是这部名帖是一件"古摹本"，或是人们对古老的书画艺术不太感冒，实际上它在人们心里与市场价值中还存有较大的生长空间。总之只要是一个时代的作品，即便是摹本，也是和真迹有同等的价值，因为岁月的沧桑和痕迹本身便是一种价值。

颜真卿（709—785）
一个文武双全的乱世艺术家

　　总是有"乱世出英雄"之说，对于颜真卿而言，他的众多书法佳作也出于乱世之中。说来也奇怪，每逢国家战乱，就会有他好的书法作品产生，难道"时事造就英雄"？譬如他闻名古今中外的《东方朔画像赞》《祭侄文稿》，恰恰产生于安史之乱中。纵观他所书写的一切佳作，不难发现，国运与其书运，就是这样相互纠结地交织在一起。

　　我们总是一厢情愿地认为，凡是大忠大孝、大德大贤之人，必将有其美好的归宿。然而事实上，仁义之士未必会有好报，甚至命运坎坷，唐朝著名政治家、书法代表人物颜真卿也位于这种不幸之列。

　　提起颜真卿，便不得不说的人是安禄山，一个与颜真卿命运、书运有着密切联系的人，当然这个人肯定不是激发颜真卿书法佳作诞生的正能量。安禄山，混血胡人，安史之乱的始作俑者。他和史思明，两位蓄谋已久的恶徒，于唐玄宗天宝十四年（755年）从渔阳掠杀至京城长安。安禄山表面上粗狂豪放、单纯之极，暗地里阴险狡诈无人能及。他多次觐见唐玄宗，不脸红地发诅咒说："要是不忠于皇上，就让虫子吃了我的心！"由后来唐玄宗的不幸结局看来，不靠谱的承诺只是嘴巴上的功夫，谁相信才是傻子！而爱情中的唐玄宗李隆基的智商也

是不敢恭维，因为他信了。之后安禄山又将"糖衣炮弹"扔向杨贵妃，不管不顾
自己大她十几岁的年龄，拜倒在这位胖美人的石榴裙下，做了她的养子。唐玄宗
与杨贵妃宠着安禄山，并将兵力与管辖权轻易地交与安禄山，甚至当有人发现安
禄山欲意起兵谋反，上表告发，他们二人也只是一笑而过，并将奏表拿与安禄山
看。就这样一步步地将自己的命运推向不堪回首的深渊。

　　受朝廷排挤到平原郡当郡守的颜真卿，发现与之相邻的地方便是安禄山的老
巢，对他欲将叛乱的一举一动，不断上报朝廷，但就是得不到上面的答复，于是就
自己动手丰衣足食，尽自己的能力严加防范。颜真卿严加防范着安禄山，安禄山也
不是省油的灯，同时也防范着颜真卿。安禄山在造反前的某一日，派出四名亲信打
着视察的旗号来到了平原郡对颜真卿的工作进行视察。颜真卿其实心底明白四人此
次视察的目的，便有意魅惑眼线，与他们一同登高望远，美酒佳肴……在参观东方
朔神庙时，饶有雅兴地挥毫依旧文重书了著名的《东方朔画像赞》，颜真卿的演技
是不能小觑的，他这一招成功迷惑住了这四人，使他们误认为颜真卿不过是区区一
介书生，是成不了什么气候的。而幸运的是这部书法艺术珍品《东方朔画像赞》无
心插柳柳成荫地诞生、流传，现今已成为临摹楷书的典范。

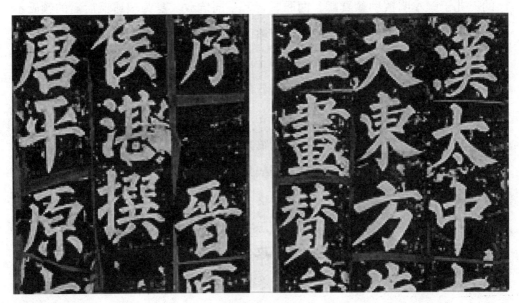

东方朔画像赞碑

安禄山的狼子野心终究是按捺不住的，很快就起兵造反，攻占洛阳。此时唐玄宗才幡然醒悟，悔得肠子都青了，不由地连声叹息道：河北（黄河以北地区）二十四郡，难道就没有一个忠臣吗？当然，每逢乱世最不缺少的就是忠义之士，他们最渴望的就是能够找到一位识货的主儿。好吧，机会来了，颜真卿派骑兵将前方时事极快地上报给朝廷，这便为寻找依靠坚实后盾的李隆基提供了些许安慰，同时也将写得一手好字的颜真卿记住了。

河北沦陷，唯有平原郡的颜真卿孤军与安禄山的叛军抗衡。因为颜真卿事前早已做好了准备，与叛军打起来，也并不输给对方什么。由于这位忠杰之士的坚守，河北一带已经沦陷的一些郡县的太守们也纷纷举旗拥护，有济南郡太守李随，邺郡太守王焘，饶阳郡太守卢全成等，他们高举平叛大旗，高呼与平原郡共存亡，公推颜真卿为首领，众志成城一同抗击安禄山的反叛。

同为琅琊氏后裔血统的颜真卿的从兄颜杲卿及其子，也有着高贵的忠义气节。叛军当道，岂能坐视旁观，况且对方侵占了自己的地盘，更是不能忍气吞声，任人宰割，何况自己手中是有底牌的，有军队的，有儿子的，有资源不利用岂不浪费了吗？所以作为常山（今河北保定）太守的颜杲卿，也当机立断派出自己的三儿子颜季明援助颜真卿，两厢联合，一同抗敌。身为琅琊氏后裔的颜氏不仅有着忠孝节义，也拥有高深的军事谋略。在整个兵戈相交的战争中，颜杲卿设计活捉安禄山的死党李钦凑等人，夺得土门（今河北井陉）要塞，一日之内，又将河北已经沦陷的17个郡重新拉回到朝廷的怀抱。此时，颜真卿率领众郡军队20万人一举切断叛军西进长安的路线，为朝廷征伐叛军赢得了主动与时间。眼看胜利在即，然而世事无常，防不胜防。利欲熏心的太原节度使王承业，是一个雁过拔毛的人，并且拔得一根毛都不剩。当颜杲卿的长子颜泉明押送俘虏回京报捷并请求支援时，他在半路杀了出来，将俘虏全部截下，送到朝廷，厚颜无耻地冒功领赏。安禄山听闻有变，便立即指派史思明围攻常山。此时常山城内只有颜杲卿孤军守城，敌我悬殊，苦战了三日，弹尽矢绝，最终城破被俘，颜氏忠烈一门死难三十多口人，他的三儿子颜季明也被杀害了。

后来发生了什么，却没有太多的史料记载，我们只能从颜真卿为其兄颜杲卿撰写的《神道碑》中了解概况。颜杲卿被史思明连夜押解到洛阳，安禄山就问他："我待你不薄，你为什么要反抗我？"面对安禄山，颜杲卿大骂不止："你这个乱臣贼子，何不快杀了我！"安禄山听后恼怒不已，随即命令斩其一足，后又割其舌。颜杲卿在生命最后时刻，为泄其愤怒，还将满口鲜血吐向安禄山。安禄山恼羞成怒，暴跳如雷，指示刽子手将其凌迟处死！身为华夏子孙，我们谁又能不为颜杲卿的凛然正气深深折服，"为颜常山舌"，这一榜样当为后世世人铭记与学习。

"安史之乱"过后，经数月的寻找，颜真卿只找回了颜杲卿部分尸骨和颜季明的头骨。看着残缺不全的白骨，想起自己疼爱的侄子颜季明小小年纪就勇战沙场，英勇无畏穿梭于平原郡与常山郡之间传递情报消息，顿时不能自已，悲从中来，再也遮掩不住内心的悲愤与痛楚，提起笔来，一气呵成《祭侄文稿》：

维乾元元年，岁次戊戌，九月庚午朔三日壬申，第十三叔，银青光禄（大）夫，使持节，蒲州诸军事，蒲州刺史，上轻车都尉，丹杨县开国侯真卿，以清酌庶羞祭于亡侄赠赞善大夫季明之灵曰：惟尔挺生，夙标幼德。宗庙瑚琏，阶庭兰玉。每慰人心，方期戬谷。何图逆贼闲衅，称兵犯顺。尔父竭诚，常山作郡。余时受命，亦在平原。仁兄爱我，俾尔传言。尔既归止，爰开土门。土门既开，凶威大蹙。贼臣不救，孤城围逼。父陷子死。巢倾卵覆。天不悔祸，谁为荼毒？念尔遘残，百身何赎？呜乎哀哉！吾承天泽，移牧河关。泉明比者，再陷常山。携尔首榇，及兹同还。抚念摧切，震悼心颜。方俟远日，卜尔幽宅，魂而有知。无嗟久客。呜呼哀哉！尚飨。

令人欣慰的是这篇祭侄文墨至今仍存在，估约算来它已经有1200多年的历史了，却完好如初地珍藏在台北故宫博物院。传世佳作祭侄文墨，我想即便是心硬如铁的人看了也会泪湿眼眶吧！你看，所有的字都写得雄浑苍劲，所有的渴笔与牵滞都历历在目，字字似血，行行似泪，这该是怎样的沉郁与痛楚倾泻于笔墨之中呦！

《祭侄文稿》有着无法模拟的天然之美，虽然只是一个稿本，也正是由于只是一个稿本，才将每一个字书写得神采生动、神妙莫测、苍劲雄浑、线条遒劲

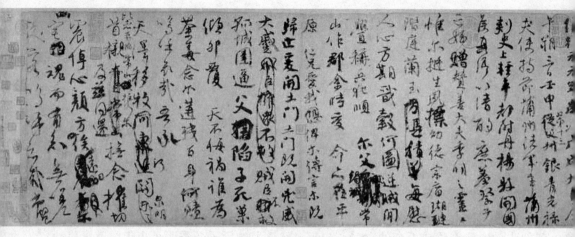

祭侄文稿

舒缓，每一处都彰显着无拘无束、随心所欲的独特个性。如此个性的书写将书法写作述心、呈态与表性集中地呈现，不仅传达出书者的大胸襟、大气魄，还开启了书法历史新的"纪元"。文中涂抹多达三十余处，与痛彻心扉的思想感情融合到了一种无以复加的极致，无法学习，无法模拟，无法超越，甚至连作者自己恐怕也难以再做到。固然《兰亭集序》美到了极端，妙到了极致，然而却少了一份《祭侄文稿》中蕴含的极为强大的感性力度。这种感性力度强烈刺激着每一位观赏者的感官，让人心生感动与钦佩。其中一个叫张宴的人很是诚服这篇文墨："告不如书简，书简不如起草。盖一位告是官作，虽楷端终为绳约。书简出于一时之意兴，则颇能放纵矣。而起草出于无心，是其心手两忘，真妙见于此也。"《祭侄文稿》屈居于王羲之的《兰亭集序》之后，为"天下第二行书"，实在是有些不公呢！为何这样说？因为祭侄文墨的艺术美，是一种"忘情"的创造，是一种哀极愤极时的彰显，是一种"心手两相忘，真妙见于此"的境界，是一种无法模拟的高度，这样的艺术高度，试问又有谁能比之一二呢？

　　作为平息安史之乱的功臣，高居户部尚书、太子太师官位的颜真卿，最终为何落得不得好死的下场？这与时任宰相卢杞有着脱不开的干系。孔老夫子说：天下唯女子与小人难养也。卢杞是小人心肠，没有颜真卿有本事，才智也不及他的高，德行更是不必多说。他眼看着颜真卿在朝廷上走动，于是就按捺不住自己的心跳，发怵、嫉妒，就想办法除之而后快。俗话说得好：不怕贼偷，就怕贼惦记。淮西节度使李希烈的谋反，让卢杞茅塞顿开：可以借李的刀把颜真卿给杀了。他向唐德宗提议：李希烈年轻气盛，是不会像一般人屈服的。颜真卿身为三朝元老，为人忠厚耿直，刚勇果敢，威望极高，如果选派他去宣抚皇上恩泽，晓之以理，动之以情，必

然可以省去兴师动众，使之幡然醒悟，归服朝廷。德宗皇帝一听眉开眼笑，开心地下发诏书，派遣颜真卿速出长安劝降李希烈。德宗老儿当真不知"理想很丰满，现实很骨感"，无知的决定便把护国功臣颜真卿推进了死亡倒计时。

颜真卿自负皇命，来到敌营，劝降李希烈。起初李希烈还对颜真卿抱有幻想，毕竟人家是身价很高的人，有了他的扶持，当上皇帝自会容易得多。然而软硬兼施最终也没有动摇颜真卿忠于唐朝的意志。慢慢的李希烈

颜勤礼碑

对颜真卿失去了耐性，觉得留在身边始终是个祸害，准备对他下手了。颜真卿也知道自己命不久矣，就在监舍里提前写好了遗表、墓志与祭文，充分显现出了作为一个仁人志士大无畏的精神和精忠报国的高大形象。时隔不久，李希烈赐白练将其绞杀，终年77岁。

今天我们追念颜真卿，首先是要推崇他的人品，其次还要推崇他的书品。颜真卿的一生，活得光明磊落、忠义有节，可谓是达到了人品与书品的高度统一。北宋大文豪欧阳修就对此称赞道："斯人忠义处于天性，故其字画刚劲独立，不袭前迹，挺然奇伟，有似其为人。""文如其人"，古人之言诚不欺。他的忠贞豁达的风格，除了文墨，从其所流传于世的著名碑刻中也可窥一斑而知全貌。

《颜勤礼碑》四面刻字，碑阳19行，碑阴20行，每行18字；碑侧5行，每行37字，共计1667字。这部碑刻是颜真卿书法成熟时期的代表作，整体来看，字里行间透露着雍容大方、端庄豁达的气质，笔画之间舒展开朗、动静结合，隐然一股"巧拙相生"之气。这通碑刻上的字横细竖粗，藏头护尾，笔画雄健有力。其捺画十分有趣，开头粗壮，雁尾分叉，钩如鸟嘴。碑中的字，相同的点画之间有着丰富多彩的变化，生动多姿，节奏感极强。但从一个字一个字来瞧，字形圆方有度，重法度，重规矩，俨然一副大唐盛世之象。这通碑于1992年10月在西安旧潘库堂后出土，使得这部"颜体"佳作在地下沉睡了1200余年后重见天日。如今珍藏于陕西省博物馆碑林，定为国家级重点保护文物。

使人耿耿于怀的是颜真卿的绝笔，为此，我们就要哀呼不幸，哀惜他最后的绝笔并没有流传下来。但这不要紧，他还有诸多墨迹如行书《祭侄文稿》、楷书《自书告身》、碑刻《东方朔画像赞》《颜勤礼碑》《麻姑山仙坛记》等流传至今，以及喜爱他的人留下了他许多墨迹珍品、碑记拓本，大都具有较高的收藏价值、艺术价值与临摹价值。对于颜真卿的书法，从古至今对其颂扬者甚多。当然，中国汉字博大精深，相信肯定还会有新的形式，以表达自己对颜真卿书法的憧憬仰慕之情。

柳公权（778—865）
尽善尽美的书法痴人

　　步入仕途，一连侍奉了七朝皇帝，不可不说是一个奇迹。柳公权就是这样一个传奇。他先后侍奉了宪宗、穆宗、敬宗、文宗、武宗、宣宗、懿宗。历史上有这样境遇的人，唯独柳公权。他之所以有着这样冠古绝今的历经，莫不与一个重要因素有关，就是他的一手好字。

　　世人了解柳公权，是由于他是唐代顶级书法家。其书法结体劲媚，集众家之长自成一派。在当时只要是朝廷大臣的碑记，如果不是由柳公权书写的，那么那家的子孙便要称作不孝了。那么除了他的字，在官场上的境况又如何呢？总之一句话，太顺了！柳公权，字诚悬，京兆华原（今陕西耀县）人。唐宪宗元和三年（808年）登进士科，又登博学宏词科。一生担任多种职位，曾任秘书省校书郎、掌书记、翰林侍书学士、中书舍人、谏议大夫、工部侍郎、右散骑常侍……后任太子詹事、宾客，官至太子少师，世称"柳少师"。懿宗咸通初年（860年），以太子少傅退休，咸通六年卒于家，享年88岁。赠太子太师。

　　柳公权书法有着深刻的渊源与影响，《旧唐书·柳公权传》这样写着："公权初学王书，遍阅近代笔法，体势劲媚，自成一家。上都（即长安）西明寺《金刚经碑》备有锺（繇）、王（羲之）、欧（阳询）、虞（世南）、褚（遂良）、陆（柬之）之体，尤为得意。"由此可见，他的书法师承锺繇、王羲之，继而师法欧阳询、虞世南、褚遂良、颜真卿等名家。他不仅能够学习王字与颜字，更可贵的一点在于创新。他虽继承了颜真卿的字法，但变身楷法，将颜氏楷书的肥壮写得大体而又瘦硬；他吸收了碑帖中方笔字斩钉截铁的长处，点画之间写得如刀刃一样爽利而又森挺，他还吸收了颜体上的纵势，虞、欧楷书结体上的紧密，写出了以瘦硬见骨的"柳体"，堪称唐代楷法集大成的典范。

柳公权一手的好字，全靠他小时候练的童子功了。他小时候刚开始写的字并不好看，歪歪扭扭的，常受到先生和父亲的训斥，心性极高的他下决心一定要将字写好，经过一年多的日夜苦练，他的字在他的家乡柳家塬已经算是拔尖的了。这时候他的书艺天资已经显露出来了，提起笔来犹如神助，然而此时他又不懂得藏拙，常常在伙伴面前炫耀。

一日，小公权与好伙伴们到村旁的一棵桑树下摆了一张方桌，举行"书会"。他们约定每一个人都要写一张大楷，相互观摩比赛。小公权不费吹灰之力就写完了。这时候恰好一个卖豆腐的老翁从这儿经过，他放下担子，到树荫下乘凉，饶有兴趣地观看孩子们的书法比赛。小公权得意洋洋地将自己刚写好的字递给老翁，说："老爷爷，你看我写的字棒不棒？"老翁接过去，一看纸上写着："会写飞凤家，敢在人前夸。"心想这个孩子也太骄傲了，非得杀一杀他的傲气不可。老翁皱了皱眉，沉吟一会儿说："你的字软塌无力，有形没体，没有筋骨，就像我卖的豆腐脑儿一样。"小公权很是不服气。老翁又接着说："长安城里有一个用脚写字的人，他的字都比你写得好，他的字才叫精彩哩！"小公权起初不相信老翁的话，但一看老翁的和蔼面容，说的话又不像是在嘲笑他，于是就打算到长安城里去一看究竟。第二天他五更就起床了，给家人留了张纸条，背上一麻袋的馍就上路了。他来到了长安城，一进长安城门，就看见街旁一棵大槐树下挂着白布幌子，上面写有"字画汤"三个苍劲有力大字。四下围满了观众，他挤进去，顿时惊得目瞪口呆。只见一位瘦骨嶙峋的老头，没有双臂，光着脚坐在地上，左脚压住他的纸，右脚夹起一支大笔，挥洒自如地写着对联。他下笔入神，笔下的字犹如龙飞虎跃，博得周围的人阵阵喝彩。小公权看得眼热、心热，对这位无臂老人崇拜得五体投地，逮着短暂空闲的时刻，他"扑通"跪在了字画汤面前，心悦诚服地要拜老人为师。字画汤推辞不过，于是就说："我没有手臂，不方便做你的师傅，你要是愿意学，我倒有几句话可以送给你。"柳公权虚心听着，向老人磕了三个头。老人用脚在地上铺了一张纸，提起右脚写道：

写尽八缸水，砚染涝池黑。博取百家长，始得龙凤飞。

回去之后，不知最终柳公权是否写得八缸水将涝池染黑，但值得肯定的是他深得老人的教诲，从此认真学习书法，戒骄戒傲。他学习字画汤的奔放豪迈，也吸收欧体的开朗方润，也博取颜体的清劲丰肥，也借鉴宫院体的娟秀妩媚。甚至，他经常跑到人家家里面看剥牛剔羊，研究骨架结构；他还观察天上的大雁，水中的鱼儿，脱缰的野马，奔跑的麋鹿，将自己领悟到的自然界的优美形态都写进了自己的书艺之中……痴心的坚持守得云开见月明，终于他成就了中国历史上的书法大师的伟名。

在中国书法史上，柳公权的书法是极负盛名的。不论是从他的成就来看，亦或是对后世的影响而言，紧随欧阳询、褚遂良、颜真卿之后的，就是柳公权了。提起"柳体"，可谓是黄发垂髫、妇孺皆知。后世往往将颜真卿与柳公权并列在一起，合称"颜柳"。他们的书法风格被称之为"颜筋柳骨"。

唐代的楷书以"法度"著称，其中柳公权的贡献最大。柳公权的楷书，富有阳刚之美，千余年来成为了儿童学书、初学书法的启蒙范本，影响深远。柳公权传世的墨迹有数十种，代表作品有《玄秘塔碑》《神策军碑》《金刚经》《蒙诏帖》等。其中《蒙诏帖》是其43岁所书写的，墨迹本，行草书，现藏北京故宫博物院。《金刚经》是其47岁时所作，原石早佚，1908年在敦煌石窟发现唐拓孤本，完好无损，极为稀罕，现藏法国巴黎图书馆。而《神策军碑》是其65岁时所作，原石久佚。仅有宋代贾似道旧藏本上半册流传于世，现藏于北京图书馆，成为了镇馆之宝。

《玄秘塔碑》，碑高386厘米，宽120厘米。28行，满行54个字，是柳公权63岁时所书，它的全名为《唐故左街僧录内供奉三教谈论引驾大德安国寺上座赐紫

紫天达法师玄

秘塔碑铭并序

一南西道都圌

练观察寘置等

玄秘塔碑

大达法师玄秘塔碑铭并序》。此碑是唐武宗会昌元年（841年）所立，由裴休撰文，柳公权书写，邵建和、邵建初镌字。

纵观此碑帖，字体端庄秀丽，左右整齐划一。用笔干净利落，点多带钩出锋，遒劲有力；横轻竖重，长横格外瘦长，横画顿挫有力；撇画锐利，捺画粗重。从结字的整体来看，内敛外拓，即中宫收紧，撇与捺向外延伸。这种用笔遒健、引筋入骨，将圆厚寓于清刚之内的艺术风格，正是柳公权继承晋唐楷书而出新意之处，世称"柳体"。

对于《玄秘塔碑》，当代书法大家启功先生尤为喜欢。他的《论书绝句》中写柳体楷书："先摹赵董后欧阳，晚爱诚悬竟体芳。偶作擘窠钉壁看，旁人多说似成王。"甚至在自注中说："临写柳体《玄秘塔碑》的目的是'为强其骨'。"其实启功先生是有着一本明拓本《玄秘塔碑》，从1965年至1972年期间，他先后临了5本。此后不断临习。他在《启功题跋书画碑帖选》的跋文这样写道："余获此帖，临写最勤，十载以来，已有十余本。"启功先生对《玄秘塔碑》的喜爱程度由此可见一斑。

柳公权不仅书法一流，道德人望也很令人称赞。他遇到了自己的伯乐——唐穆宗，尽管他算不得一位政治廉明的好皇帝，甚至怠于朝政。对此，柳宗元也有着自己的劝谏艺术。一日，唐穆宗独自召见他，与他一同讨论书法艺术，唐穆宗小心翼翼地问："笔何尽善？"柳公权沉吟了一会儿，回答道："用笔在心，心正则笔正。"唐穆宗这一点倒不傻，听完后脸一阵青，一阵红，心中大为不快，心想："好你个柳公权，居然敢话中带刺讽刺我，你也不看看你是为谁工作的。"但柳公权明着也没说什么，唐穆宗只好隐忍着不发作。后来又想了想，心知柳公权是借着书法的道理向自己谏言，其实他说的也确实是那么一回事，于是就对他更加信任了。以笔谏言，柳公权的耿直足以使后人更加钦佩与敬仰。

之后，唐穆宗李桓的儿子李湛登基了。老子都缺乏雄才大略，可想，儿子能不目光短浅吗，况且唐敬宗李湛又生性多疑，极喜爱听歌颂赞美之词。一天他与众位大臣在一起喝酒，说着说着讨论起西汉文帝了，大家都赞不绝口地吹捧文帝的勤俭节约，唐敬宗听着乐呵呵的，举着自己的袍袖说："朕这件衣服已经洗了三次了，现在还穿着。"学士大臣们都随声附和着转而赞美敬宗的节俭美德，只有柳公权坐在位置上一声不吭，敬宗就纳闷了，问他为何沉默着不出声啊，柳公权就说："作为天子，最重要的事就是奖罚分明。奖赏那些有功之臣，处罚应当受到惩治之人，奖罚分明，能够听进不同意见，这才是最宝贵的美德啊！陛下穿着洗过的衣服，固然是好，但与治国安邦的美德相比，只不过细枝末叶的小事情罢了。"此话一出，在座的各位都为他捏了一把汗，而他却依然淡定地坐着，脸不红，心不跳。

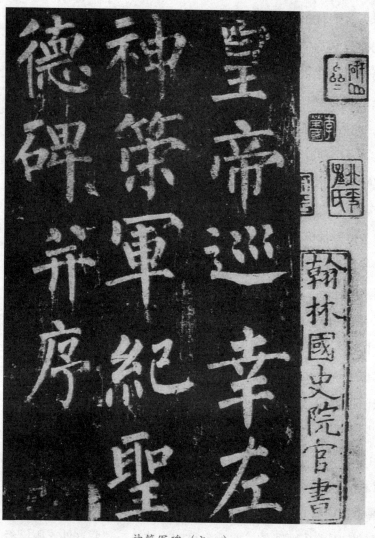

神策军碑（之一）

他的书法作品除了《玄秘塔碑》这部经典之外，还有一件笔势开阔雄浑的《神策军碑》，被他称之为"生平第一妙迹"。

《神策军碑》，全称《皇帝巡幸左神策军纪圣德碑》，立于唐会昌三年（843年）。《神策军碑》，是唐德宗为安抚执掌禁军（神策军）而立，由翰林大学士崔铉撰文，柳公权书丹，书写此书时，柳公

神策军碑（之二）

权已经66岁了。此帖记事很多，虽多是赞美神策军的文字，但其历史价值亦十分重要，其重大的艺术价值更是不容忽视。

《神策军碑》本是立在唐王朝的皇宫之内，民间极少有拓本。倒是后来的皇帝们，挺钟爱《神策军碑》，请来工匠摹刻，赠送给有功的大臣，然而数量极少，流传下来的更少。在唐末战乱之中，《神策军碑》未免于难，不知被哪路军给毁了。《神策军碑》的真迹神韵，后世人再也无法观摩了。还好有拓本传世！但是极其不易，甚至惊心动魄。北宋时期赵明诚的《金石录》里，就有着分装两册的《神策军碑》拓本。"靖康之变"中，由于他与妻子李清照舍命逃亡，顾不得随身携带的碑拓纸墨。所以，《神策军碑》拓本也不知是为权贵所得，还是于战火中焚烧，竟不见了踪迹。尽管，现馆藏于国家图书馆内的《神策军碑》拓本，从流传次序上来看，与赵明诚与李清照收藏的碑帖有着极大的相似之处，但绝非是同一个拓本。国家图书馆所藏的这部拓本，其上钤印着"翰林国史院官书"楷体朱文印章。拓本尾部有"洪武六年闰十一月十八日收"的泥金小字，由此可知这部拓本曾于明代洪武六年（1408年）被皇帝收藏入库。只可惜朱元璋胸无点墨，竟无视它的价值，送与了晋王朱棡，然后就有了"晋府图书"和"晋府书画之印"两枚印记。

这部《神策军碑》拓本就这么孤独地流传着，流过明末，经过大清，直到民国年间，被著名藏书家陈澄中所收藏。1949年，陈澄中因生活拮据，欲意变卖部分家中藏书，其中就有《神策军碑》。日本人得到消息后，打算巨资收购，终因陈澄中不舍作罢。时任文化部文物局局长的郑振铎先生，也听闻了这件事，于是开始积极筹备，终于在1965年，成功收购了陈澄中手中那批珍贵的文物，其中就有悬孤海外的《神策军碑》拓本。《神策军碑》终于踏上了归途，成为了国家图书馆镇馆之宝。

柳公权作为时代造就出的一代书杰，他的艺术犹如高耸的丰碑，意义深远。其一以楷书"嘉惠后学"；其二以人品与书艺相结合，成为后世临习者的楷模。柳公权楷书声誉之高，自唐、元及以后，世上再也没有第二人。在当时就已经达到了"公卿大臣家碑志，不得柳公权手笔者，皆以子孙为不孝"的地步，他的声誉甚至还远播海外，"外夷入贡，皆别署货贝，曰：'此购柳书。'"柳公权声誉鹊起，并不是因为皇帝的重用，也不是大臣们的推崇，而是以创造一种新的书体美，征服了当代，更赢得了后世。

虞世南（558—638）
"五绝" 才子

德行、忠直、博学、文词、书翰，一个人一生只要有其一就足以成为一个名臣，可偏偏虞世南竟一身而占足五绝。在历史的长河中，除了虞世南能够担当起这个盛名之外，这样的"五绝"之臣还有谁？

"五绝"，是唐太宗李世民对虞世南由衷地称赞。同样身为艺术家的李世民说："世南一人，有出世之才，遂兼五绝。一曰忠谠，二曰友悌，三曰博文，四曰词藻，五曰书翰。"德行、忠直、博学、文词、书翰，一个人只要有其中一绝，就足以称得上是一个名臣，而这五绝虞世南一身俱占。在中国历史上，一个皇帝这样评价自己的臣子，倒真不多见。虞世南，于官于民于书艺，显然都是有这个价值的。

垂緌饮清露，流响出疏桐。

居高声自远，非是藉秋风。

这首托物寓意的小诗《蝉》，是唐代著名的书法家、文学家虞世南所作的，展现了一种雍容不迫的君子风度。一个门第的家风是可以世代相传的，譬如"旧时王谢堂前燕"的王家，再譬如南朝越州余姚（今浙江余姚）的虞氏家族。余姚虞氏在当时是一个名门望族，从三国到唐朝，出了许多名士，例如三国时的经学家虞翻，东晋时期的文学家虞喜，南朝时期的书法家虞龢等。再比如，他的祖父虞检，在南朝梁朝任时兴王的咨议；他的父亲虞荔，任南朝陈朝的太子中庶子；他的叔叔虞寄在南朝陈朝任中书侍郎。虞寄没有后代，便将他过继了过去。虞世南字伯施，从字面意思来看，这大概就是伯伯送给的意思了。

虞世南与他的哥哥虞世基，在当时的文坛上都是大腕级人物。虞世南的天赋，后人无法得知，然而他在学习上的勤奋，却多记载于史书。虞世南自幼跟随王羲之的第七世孙智永和尚练习书法。智永和尚不仅是王羲之的七世孙，而且也是王羲之、王献之的书法传人，在当时的书法界属于顶尖级书法大家。虞世南跟随这样一位启蒙老师学习书法，可谓是得天独厚，况且他自己也对书法达到了痴迷的程度，转眼几年，写秃头的毛笔攒了一瓮又一瓮。他书艺的提升也如直升机一样飙升。后来他与哥哥一同又跟随顾野王学习书法十年。顾野王，在当时也是一位出了名的大学问家。顾野王，字希冯，博学多才，学富五车。他不仅是大画家、训诂学家，又是一个大史学家。政权迭变，进入南朝陈朝，他被任为国吏博士，主修《梁史》。他的《玉篇》一书，是我国最早的一部楷书字典，也是我国文字训诂学的重要著作，与《说文解字》相比，它更为详细。虞世南跟随这个老师，也逐渐变成了一个很邋遢的人。甚至为了学习，一连十天半个月也不洗脸不梳头。哎呦，再忙洗脸洗头发的时间也应该有吧。虽然这样的学习方法极不值得去效仿，但这不妨碍后世人敬佩虞世南"痴呆"的学习劲儿。他如此的努力，再加上不逊于别人的聪明才智，自然收获不少。至少，李世民所说的"五绝"中的"博学、文词、书翰"这三绝，他是靠勤勉苦学得来的。特别是"书翰"一绝，使得虞世南不仅在唐初四大家中占有重要的一席之位，更是位居前两名。他与欧阳询，谁应为书法领域的泰斗，至今尚有争议。争议的焦点在于他与欧阳询的书法，谁最得王羲之、王献之父子的真传？唐代张怀瓘《书断》中评价虞世南说："其书得大令(王献之)之宏规，含五方之正色，姿荣秀出，智永在焉。秀岭危峰，处处间起，行草之际，尤所偏工。及其暮齿，加以遒逸。臭味羊(欣)、薄(绍之），不亦宜乎！是则东南之美，会稽之竹箭也。"可能是他受"二王"之规的影响太深了，所以有些书法理论家才要将他放在欧阳询之后，认为他的书法不及欧阳询有着自己的个性。且不管欧、虞谁前谁后，虞世南是中国书法史上的一代巨匠，这是毋庸置疑的。

虞世南外表沉静、寡欲，而其内心刚烈，如他的书法作品"外柔而内刚"。虞世南与他的哥哥虞世基共同侍奉隋代期间，虞世基极会投其所好，哄得隋炀帝十分开心，受到了皇帝的重用，权重一时，妻妾成群，穿着装饰雍容华贵，生活日渐骄奢淫逸。而虞世南因为性子太直了，不愿去巴结，虽一直没有得到重用，却也泰然处之，过着平淡朴实的生活。不慕华贵，沉静、寡欲。然而十年河东，十年河西，政权来得快，去得也快，很快宇文化及就将隋炀帝杀了，之后也欲将虞世基给杀了，这时虞世南紧紧抱住虞世基，请求替兄长而死，终不得。虞世基被杀之后，虞世南"哀毁骨立"。正如《宣和书谱》记载："世南貌儒谨，外若不胜衣，而中抗烈。"

虞世南外柔内刚的品格，表现在他的书法里就是"君子藏器"，项穆评价虞世南的书法"内含刚柔"。虞世南的书法经典《孔子庙堂碑》俊秀典雅，外表看似不温不火，实则尽藏遒劲的骨力。虞世南的品格也淋漓尽致地展现在他的作品风格之中。

虞世南书法作品流传至今的有碑刻《孔子庙堂碑》《破邪论序》，此外还有相传为他所书的行草墨迹《汝南公主墓志铭》等。其中《孔子庙堂碑》是他书写的，也是由他碑刻的，此碑帖于贞观（627—649）年间被一把大火给烧毁了，后来武则天于长安三年（703年）重建。原碑的拓本流传到北宋时期就已经很少了。流传到现在的只有两件翻刻本，一个在陕西西安，另一个在山东武城县，西肥东瘦，字亦有较大的出入。

这个碑书法端雅静穆、俊朗圆腴，是初唐时期碑刻中的佼佼者，同时也是历代金石学家与书法家公认的虞世南书作中的妙品。《孔子庙堂碑》结构中正，字形稍扁，横平竖直，用笔圆但写出的字方。字形上，端庄大方，平和温婉，轻松而又自由，典雅而又飘逸。这种中庸、中和、含蓄的风格，作为一种美学境界，至高、至大、至远，融合着静穆、灵和、蕴藉、简远、淡泊等各种美，正与王羲之书法一脉相承。宋代黄庭坚有诗曰："孔庙虞书贞观刻，千两黄金那购得？"

现在存世的《孔子庙堂碑》有两块。

一块在山东成武县，又名《东庙堂碑》，碑身高208厘米，宽89厘米，厚22厘米，共33行，满行33字。书写的是楷书，外柔内刚，圆融遒劲。此碑在元至元年间（1335—1340），定陶河岸崩决时被挖掘了出来，摹刻年代没有明细，石质也不坚，只有首行"中舍人"的"人"字与"相王旦"的"旦"字完好。此碑先存成武县文物馆。还有另一块现藏于陕西省博物馆，又名《西庙堂碑》，是宋朝的王彦超在陕西西安重刻的。共35行，满行64个字，碑的末尾处刻着一行"王彦超再建，安祚刻字"9字。在明嘉靖三十四年（1555年）地震时，这块碑石断为

孔子庙堂碑

了三截，仅有第二行的"虞世"保存完好。

唐代书法家中，大书法家虞世南的作品传世的有许多，但墨迹本仅有《汝南公主墓志铭》一帖。

汝南公主是李世民的三女儿，也是他最疼爱的女儿，叫李字。自幼聪明伶俐，唐太宗极其喜欢，可惜很早就去世了。痛失爱女的李世民，就请虞世南为女儿写墓志铭，而这本《汝南公主墓志铭》也就是虞世南的草稿了。此稿25.9厘米，横38.4厘米，共18行，222字，纸本。书写于唐贞观十年（636年）十一月丁亥朔十日。

这篇底稿写好之后，一直在民间流传，一直未被人们注意。直到明代王世贞收藏的时候，才为世人瞩目。一次王世贞与朋友们一起喝酒，他将此稿展示给他的朋友，在座的各位看到此帖眼睛都放了光，唯独一位姓都的收藏家却很怀疑是宋代米芾的临本，因为米芾曾在《书史》中有这样的记录：在朋友家，米芾见过墨本真迹《汝南公主墓志铭》，手痒忍不住进行临摹玩赏。所以后世便有了《汝南公主墓志铭》是米芾的摹迹之说。

《汝南公主墓志铭》，在用笔上沉静典丽，风骨遒劲。纵观此帖疏散虚和、含蓄深沉，姿态风流，外柔内刚，笔态外溢。虽然米芾、虞世南都学习"二王"的笔法，但是在用笔和意态上却有着极其显著的差别。如果说米芾注重笔意，是以姿态更胜一筹的话，那么虞世南书法中则重法度，以劲瘦为赢。从这本稿本的用笔与风格上来看，则更加倾向于虞世南的书法墨迹，当属于虞世南所书无疑。此稿现藏于上海博物馆。

虞世南进行书法创作时，并不刻意去挑选纸与笔，他关心的只是他的坐姿与运腕的方法。他觉得书写姿势正确，手腕虚轻，即便是粗笔、秃笔，信手拈来也能够挥洒自如，自出新意。

有一次，唐太宗李世民将虞世南召见来，说："这些天以来，我已经令人将大明宫的巨幅屏风装饰一新。世人都知道你才思敏捷，书法精妙，你快点把一百零五名烈女的小传用工楷写在屏风上吧。"李世民边说边将稿本拿出来，详细地把烈女的主要事迹说与虞世南听。虞世南听完了唐太宗的长篇大论，就迫不及待

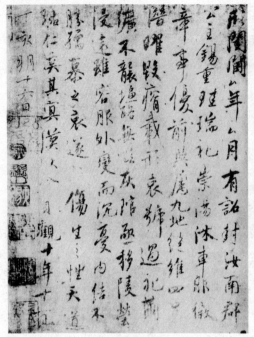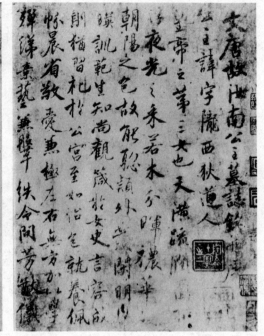

汝南公主墓志铭

地来到了大明宫，凭着自己的惊人记忆，一边挥毫，一般构思，洋洋洒洒地在屏风上写了起来。为了和屏风保持平行，他变换姿态，"忽而垫凳而上，忽而弃凳蹲下……"，身体姿态多姿多彩，且笔法纯熟，仅花了一昼夜的工夫就完成了。虞世南在屏风上写毕，毫无怠倦之意，再细心地校对一遍，竟然发现一字不误！

虞世南除了擅长书法之外，还致力研究书艺中的方法，也得到一些著名的成就，今天见到其所著录的《笔髓论》《书旨述》就是其中两篇。他的书法理论一方面是迎合唐太宗的口味，附论李世民的书法观点，另一方面则站在身为臣子的角度上，强调艺术与政治相互之间的关系，虽然说有点儿牵强附会、迎合君王之嫌，但能够将儒家的中庸思想引进书论当中，颇显其精明、聪慧之处。再来说一下李世民，他不仅是一位初唐著名的政治家，同时也是一个颇有成就的书论家、书法家，著有《笔法诀》《书论》《晋书·王羲之传》等。而虞世南与李世民经常在一起研习书法，所以他的书论观点同李世民的一样，也就见怪不怪了。他们的书法理论都带有浓厚的儒教色彩，后世之人所说的"唐人典则"，指的就是李世民与虞世南的法则。

　　再看，《笔髓论》中开始第一句就说："文字，经义之本，王政之始也。"瞧瞧，这一开头完全就不像书论类的文章，只是借助了书法理论的外衣来宣扬君王的正统地位讨论政治罢了。还有，他在《辩应》一节中也说："心为君，妙用无穷，故为君也。手为辅，承命接股肱之用故也。"在这里，虞世南宣扬"心"就是"君"，这其实就是将忠君思想渗透到书法著作中的一种直述；其中"手"就是"臣"，"臣"为君所驱使，将封建正统思想展现得淋漓尽致！怪不得唐太宗如此地偏爱虞世南。

杨凝式（873—954）
一个佯狂避世的才子

　　"九天仙子云中现，手把红罗扇遮面。继续遮眼看仙人、莫看仙人手中扇。"不知是谁留下了这么富有禅意的小诗、生趣又有余味。正值僵硬乏味的士大夫思想抹杀太多灵性的时候，幸好还有着那些佯狂避世、特立独行的人，纵情诗歌、挥洒毫墨，犹如九天仙子一般，闪现云端，即使是若隐若现片刻的仰望，也能够使人涤荡俗肠、神超物外！

　　真正能够在不激不厉状态下抒发出心中的逸气，将书法推向神妙的巅峰，在"二王"之下，就要首推五代的杨凝式。杨凝式，字景渡，华阴人（今陕西华阴），生于唐懿宗咸通十四年（873年），晚唐宰相杨折的儿子。唐昭宗时登进士第，之后历仕后梁、后唐、后晋、后汉、后周五代。政权的更迭，社会的动乱不堪，让时常以佯狂自晦的杨凝式得了个"杨疯子"的雅号。他历经数朝，享寿82岁。

　　杨凝式的才气与博识是他书法创作的基础。在唐末五代时期，杨凝式极富有文采，他的文章亦受到了当时人们的极力推崇。美中不足的是他身材矮小，体形较差，但这似乎和他考上唐昭宗时期的进士并不冲突。考中进士之后，他便走上了仕途。先任财政官，再任秘书郎。唐朝灭亡之后，新朝朱温皇帝为防止唐朝的遗民作出伤害自己的事情，于是就派了一大批特务打进了大臣中间，搜集他们的言论，不少人为此而付出了血的代价，甚至是灭门的灾难。杨凝式的父亲身为前唐的宰相，曾要代表旧朝传递国玺，杨凝式知道此事后，力谏父亲推脱此事，为了防止这件事情败露殃及家人，于是就患下了佯狂之疾。每每迁升重要官位，或是任命重要事情，他这佯狂病就会犯，借脱告归或者解职。正是这种佯狂之疾，他才为自己赢得了宽松的人际关系与政治环境。也正是由此，他才得以游玩洛阳的各个寺庙道观。遇到松石幽竹佳境之地，必将逍遥畅饮，乐而不知返。故而洛阳城城内寺观槛墙尽留笔迹。熊秉明先生曾说过一段深刻的话："杨凝式生于唐末，曾经历五个朝代的政治斗争变化，做过少傅、少保、太保一类的官，他故作疯狂，无非是想在那一个恐怖黑暗的时代求存图活。……就少数遗留的帖看，很能表现他逃世与颓废的心理，和唐初诸家规律森严的书法形成鲜明的对照。"

杨凝式疯颠的行为与语言，可谓是众人皆知。他在当官的时候，每天下朝，都有众多仆人前舆后马伺候着，可又偏偏嫌车马走得慢，于是就下车拄着拐杖行走。并不是他不懂得礼仪，而是懂得又偏偏不要，这在当时可算是非正常的行为了。于是就有人经常笑话他。他还时常出入寺庙，有一次，他从家里出来刚到大门口，他的仆人就问他到哪去，他随口就说："宜东游广爱寺。"仆人一听就说："不如西游石壁寺。"他就说："好吧，好吧，姑且游广爱寺。"仆人说："我说的是游石壁寺。"他说："好吧，好吧，姑且游广爱寺。"姑且不说他是否得了老年痴呆，亦或是佯狂，反正他的言语与行为总是不同于世人。

当年，杨疯子的书法名气是很盛的，前来求字的人也是一拨又一拨，送来的纸、笔、绢、缣，在书房里都堆成了山，他却说这些都是"冤家债主"，不予理会。但是，他每一次出游，看到山看到水，心情好了，书写的兴致就迸发了，凡是见到寺院的粉白墙壁，他都会不由自主地在上面尽情挥洒。从此，洛阳城外的寺院的墙壁都刷白了。只等着他来，让他径自在上面写去。他似乎也很乐意为之。张齐贤《洛阳缙绅旧闻记》中记载他在寺院墙壁上挥洒的境况："箕踞顾视，似若发狂，引笔挥洒，且吟且书，笔与神会，书其壁尽，方罢，略无倦怠之色，游客睹之，无不叹赏。"单看那墙壁上的字，有行书，有草书，或似龙跳天门，或似惊蛇入草，书写的风采极易让人联想起癫张醉素的样子。于是，"杨疯子"的盛名越传越远，似一阵风，横扫中华大地，穿越时空隧道，来到了今天。

杨凝式现今存世的作品有《神仙起居法》《韭花帖》《卢鸿草堂十志图跋》《夏热帖》等帖。他的作品明显呈现出两种截然相反的风格：一种是中规中矩、端庄典雅，以精湛的技巧来表达较为内敛的、含蓄的书卷气；另外一种则是不拘小节、不拘礼法、放荡不羁，一种呈现出"疯子""散僧"状的散乱书风。书艺上，杨凝式以雄健的笔力，心摹手追着"二王"、颜柳，开启后代的书法盛世，成为书法史上承前启后的关键人物。董其昌《书法论注》曰："杨景度书，自颜尚书、怀素得笔，而溢为奇怪无五代衰荼之气。宋苏黄米皆宗之。"杨凝式在禅

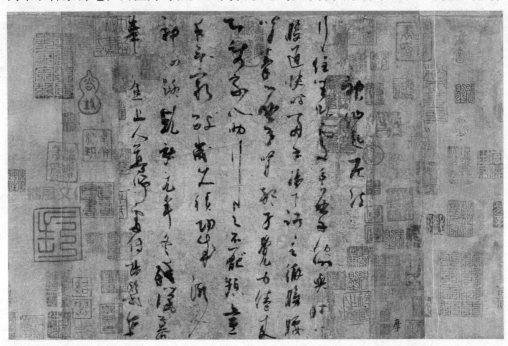

神仙起居法

释文：神仙起居法。行住坐卧处，手摩胁与肚。心腹通快时，两手肠下踞。踞之彻膀腰，背拳摩肾部。才觉力倦来，即使家人助。行之不厌频，昼夜无穷数。岁久积功成，渐入神仙路。乾祐元年冬残腊暮，华阳焦上人尊师处传。杨凝式。

学思想、审美情趣、创作风格、人格操守上也为宋代书家带来了深刻的影响，开创了宋代"尚意"书风之先导。

杨凝式的传世墨迹，内容多涉及强身养生、风花雪月、美食珍馐等方面，风神各异。其中，最动人心魄的要数《神仙起居法》了。

《神仙起居法》书于后汉乾祐元年（948年），内容是关于古代医学上一种健身按摩的方法，它的文体近似于口诀。此卷横27厘米，纵21.2厘米，草书8行，共计85个字。

此卷是杨凝式76岁时所作，看似随意点画之间，不假思索，墨色浓淡，相宜其间，时有枯笔飞白。字的结体力求险劲中求平静，行间字距之间较为宽疏，这是在继承唐代书法基础之上，创立的新的风格，尽得天真灿烂之趣。纵观此卷东倒西歪、信笔游弋，然而结体运笔全出意外，顾盼生姿、风神跳荡无一不符合着晋人风度。苏东坡称赞他的书法："自颜、柳没，笔法衰绝。加以唐末丧乱，人物凋落，文采风流扫地尽矣。独杨公凝式笔迹雄杰，有二王、颜柳之余，此真可谓书之豪杰，不为时世所汨没者。"甚至是眼高于顶的米芾，也称赞他的书法："横雨斜风，落纸云烟，淋漓快目。"

杨凝式与洛阳有着深刻的渊源。做了大半辈子大官的杨凝式，上天独特的厚爱却是让他为后世留下了一件反映他在洛阳忍饥挨饿的《韭花帖》。会有人问：当大官还会挨饿？这只能说明杨凝式是一个清官，不折不扣的清官。唐末五代，王朝无不短命。杨凝式出生于873年，卒于954年，经历了唐至后周六朝，基本上都在做官，似乎也预测不出他家还会遭遇忍饥挨饿的境地。事实上，他真的是挨了几年饿。他之所以挨饿，是因为"汉奸皇帝"石敬瑭的原因。

奸臣石敬瑭为了争夺妻弟手中的后唐政权，不要颜面地向契丹借兵数十万，石敬瑭的代价就是向契丹皇帝称"儿"称"臣"，每年要向契丹交纳赋税，甚至又将幽云十六州拱手送给了契丹。石敬瑭来到开封当上了皇帝，封杨凝式为太子宾客。这个时候的杨凝式已经63岁了，他提出了告老还乡，朝廷迫不得已最后让他以礼部尚书的名义退休。一贫如洗的杨凝式就这样与自己的家人一同来到洛阳过起了艰苦的日子。

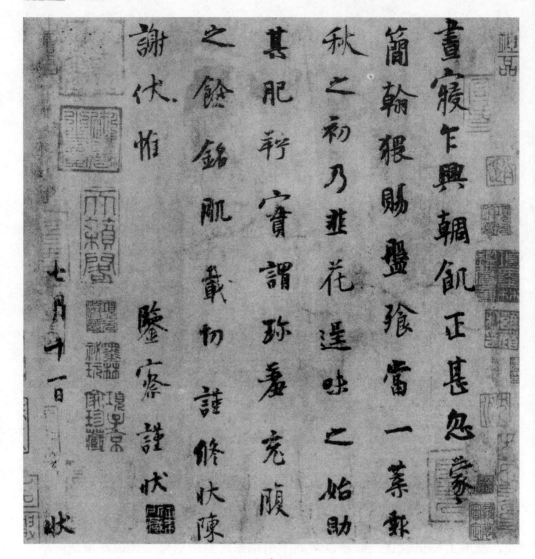

韭花帖

释文：昼寝乍兴，朝饥正甚。忽蒙简翰，猥赐盘飧。当一叶报秋之初，乃韭花逞味之始，助其肥羜，实谓珍羞。充腹之馀，铭肌载切。谨修状陈谢，伏惟鉴察。谨状。七月十一日，状。

天气冷了，杨家人穿不起棉衣。有好朋友路过洛阳，送给杨凝式五十两钱、绢百端，然而杨凝式却将这些救命的衣物全部捐给了佛寺，还念念有词："其家虽号寒啼饥，而凝式不屑屑也。"当时洛阳是后晋的陪都，称为西京。

西京的留守见杨家陷入了绝境，于是"自制衣给米遗之"。就这样，杨凝式在洛阳那段时日，就是靠着朋友们的救济来过日子的。其《韭花帖》反映的正是杨家青黄不接的日子。这种生活持续了十年时间，直到后晋即将灭亡之际，宰相桑维翰力推杨凝式复出，杨家的"十年饥困"才算结束了。

"十年饥困"，杨凝式不仅为后世留下了书艺绝伦的《韭花帖》，而且还在洛阳创作了深受人们欢迎的"壁书"书法——一种古代的表演艺术行为。《韭花帖》，行书，墨迹麻质本，高26厘米，宽28厘米，共计7行63字，信札，现藏于北京故宫博物院。

《韭花帖》是一封信札，内容是叙述午睡醒来，腹中甚饥之时，恰逢有人馈赠韭花，非常可口，遂执笔以表示谢意。《韭花帖》最夺人眼目的是它宽疏、散朗的布白。字字之间、行行之间留有大面积的空白。在这部行书作品中，章法处理上非常奇特，既能顾盼含蓄，又能气韵贯通。平中见奇的结体在《韭花帖》中的表现也尤为突出，令人拍案叫绝。它成功将紧密与疏朗这一对矛盾统一于一体，不仅没有一点牵强附会，甚至给人一种自然天成、生趣盎然的感觉。通篇的形态宛如一个闲雅的奇士，举手投足之间，露出一股从容自若、雅逸风流的姿态。悠然闲适的心境跃然纸上，无论从书法本身，或是文字内容，都能真切体味书家闲散淡雅的心境。

非狷非狂自一家，草堂夏热起龙蛇。壶公忽现容身地，方丈蓬山是韭花。

这是启功先生对杨凝氏《韭花帖》由衷的评价。启功先生认为此帖"小真书精警奇妙，得未曾有"，是一件不可多得的艺术作品。黄庭坚也认为："世人尽学《兰亭》面，欲换凡骨无金丹。谁知洛阳杨疯子，下笔便到乌丝栏。"朱关田先生对杨凝式的书法也有着不俗的评价："风度凝远，萧散有致，直追晋唐气韵，宜其黄庭坚特有'下笔便到乌丝栏'之评。"

在中国书法史上，从两汉到清代，几乎所有书法家都留下了他们的书论与美学思想。譬如中和之美，领异标新之美，精神为上之美，法度之美，妙在性情独抒灵性说，当然也有例外，五代的杨凝式就是其中之一。史料记载杨凝式"有文词，善笔札"，像他这样才情兼备的大书法家应该有精辟绝伦的书论。

可是，他偏没有，只言片语也没有。然而，"大美无言，大音希声"，虽然他并没有为后世留下丝毫有关书法的论述，而现代人却将宋代尚意书风的先导一同指向了杨凝式。

在世人与朝廷的眼里，杨凝式的疯颠是毫无疑问的，在给予他无限宽厚与灿笑的同时，杨凝式的内心一定会觉得，他已经完全被这个世界接受着、误解着。他只有单独神游在他的书法世界里，才有着真正的人生。他的每一件书法作品都是独抒心灵的，而且从来都没有想过要去重复。如颠如痴，如醒如醉，如梦如幻，一时有一时之态，一件有一件之姿。然而短暂的欢愉之后，伴随他的将是长久无法排遣的抑郁。在那个动乱的、朝不保夕的、脑袋随时可以搬家的年代里，杨凝式居然也能够官居五代，最终以82岁的高龄走完了一生，可谓是一件幸事。

时事造英雄。动荡不安的五代给杨凝式提供了一个自由演绎的舞台，癫狂无常给予了他书艺全新动力。近代著名教育家李瑞清先生曾临摹《韭花帖》时，在其提跋上有这么一句话："杨景度为由唐入宋一大枢纽。此书用笔敛锋入纸，兰亭法也。"李瑞清觉得杨凝式的书法是唐代书法"尚法"到"尚意"风尚的转折点，是唐宋书法史中的枢纽，此评可谓一语中的！在新的艺术天地中，杨凝式无疑是一位大智慧者！

可能正是由于这样的佯狂与疯颠，深处乱世的杨凝式，才能借助笔墨抒情达意述心，完成了书法艺术上的自由放任，成为千古独步。

苏轼（1037—1101）
一位精于书艺的快乐天才

　　苏轼在书法上，似乎并没有花太多的功夫，就轻松坐上了北宋大家的宝座上了，比之于其他的书法大家，苏东坡有着无与伦比的潇洒。他的才气与见识是他潇洒的资本，在悠远的历史长河中，苏东坡将才气见识挥洒的远远比技巧要高明得多。也正是由于苏东坡的才情与见识，使他成功地引领北宋书坛走进"尚意"书风的领域。

　　苏轼，字自瞻，号东坡居士，四川眉山人，北宋著名的书法家、文学家，与黄庭坚、米芾、蔡襄并称为"宋四家"。苏东坡生性豪放，书艺灵逸洒脱，开创尚意书风。他心胸坦荡，不会由于宦海的沉浮而自暴自弃，也不会由于生活的颠沛流离而怨天尤人。他永远都是以一颗静心来面对人世间的进退与得失，以一份激情来化解人生的悲欢离合。他爱生活，不管受到怎样的困苦与磨难，他依然可以苦中取乐。

　　北宋神宗元丰五年（1082年）春月，苏东坡因"乌台诗案"遭朝廷排斥，被贬到了黄州当团练副史。"乌台诗案"在苏东坡心中留下的阴影始终无法释怀。所谓"乌台"，是专门监察六部官员，并向皇上进谏所设的御史台。天下衙门门朝南，唯独御史台的大门朝北，院子里又种满了柏树，成千上万的乌鸦在这里搭巢建窝，整天噪乱不绝，景象极为萧条，就有人戏谑称为"乌台"。

"乌台诗案"是以王安石为首新政一派与旧派之间斗争的产物。本来，苏东坡与朝廷隔着千山万水，远在杭州、密州、湖州平平安安地做着他的地方官，还深受老百姓欢迎。如果他不去招惹朝廷，朝廷也断不会去招惹他。可是他偏偏有着一颗浪漫的诗心，这就不妙了。他写的诗太多了，也不能一一铺展开来，只摘录其中他写给皇上的一个谢表，只言片语就能够看得出他是如何发牢骚的了。苏东坡的不成熟，恰恰给了他人得以抓住把柄的机会，且来看他是怎么说的：

优念臣性资顽鄙……知其遇不适时，难以追陪新近；察其老不生事，或能收养小民。

哎呀呀，看看这话说的，什么"追陪新近""老不生事"，您老这是要讽刺谁啊？好吧，这一下可就刺激住了一群小人，当中就有一个叫舒亶的人，跳得最高。他还算有点儿才，但小人得无话可说，他将苏东坡的诗集全都找了出来，一一将其中的句子进行分析，只要发现其中谩骂新朝与埋怨皇上的句子，他都给标了出来，拿给皇上看。皇上当即就抓捕了东坡，向其问罪。有这样一群小人在皇上身边，群起而攻之，也不愁苏东坡没有好日子过了。

新政一派的王安石人品还算是不错的，苏东坡虽然与他政见不合，还说了他许多不是，王安石很大度地没有去计较，决心要救他一把。于是就上书宋神宗："安有盛世而杀士才乎？"就这样才把苏东坡的命给救了下来，只判了贬谪黄州的处罚。

刚到黄州的时候，还没有苏东坡这个名字，当时他姓苏名轼，他的字先和仲，后子瞻。他虽然被贬到黄州，但依然有老友牵挂着他，给他一些物质上的帮助，其中就有一位当地的官员马正卿。他给了苏东坡一块几十亩的田地。白面书生苏东坡从来没有干过粗活，在这儿他放下了笔，拿起了锄头，在这片荒地上刨地耕种。他的妻子不离不弃，在田地里夫种妇随，其实这又何尝不是唯美的田园一景呵？苏东坡有感于自己的田园时光，心想白居易也曾遭贬黜，在忠山的东坡上种田菊，于是就称自己的这片田地叫东坡，又在下雪之时将东坡边上的茅屋称为"东坡草堂"，遂以"东坡居士"自居了。

苏东坡的土地也真争气，每年打的粮食还挺多的，口袋里也渐渐有了闲钱，可以去游山玩水，游览名胜古迹，高兴之余，饮酒自乐，诗性大发。这一时期，为后人留下大量脍炙人口的佳作。苏东坡真的太能写了，甚至有人研究，他在黄州写的诗最多，也最好。且不说他写的诗作有多少了，仅读他写的《念奴娇·赤壁怀古》就够人赞叹的了。遗憾的是他这部书作，并没有存世。遗憾，真的是大遗憾啊！

幸好还有他存世的《黄州寒食诗帖》来稍稍弥补我们心中的遗憾。墨迹素笺本的《黄州寒食诗帖》，纵33.5厘米，横118厘米，行书，共计17行，129个字。虽然苏东坡在黄州，衣食住行上还勉强过得去，但他这位文学巨子，又岂能满足于日常生活？当然不会满足，否则远大的政治抱负又将何处安置？即便是衣食无忧，又岂能平复他精神上的孤寂？终于，那一日来临了。他在素笺写下了当日作的两首五言诗：

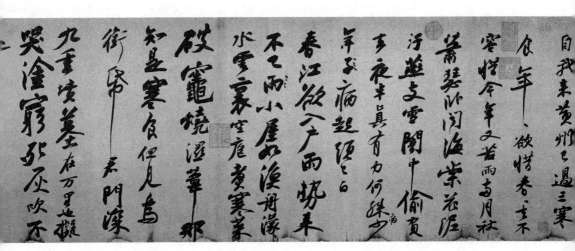

黄州寒食诗帖

释文：自我来黄州，已过三寒食。年年欲惜春，春去不容惜。今年又苦雨，两月秋萧瑟。卧闻海棠花，泥污燕支雪。暗中偷负去，夜半真有力。何殊病少年，病起头已白。

春江欲入户，雨势来不已。小屋如渔舟，蒙蒙水云里。空庖煮寒菜，破灶烧湿苇。那知是寒食，但见乌衔纸。君门深九重，坟墓在万里。也拟哭涂穷，死灰吹不起。

这该是充斥着怎样一种悲凉的心境啊！今天我们来看这幅书帖，依然能够看出书家当时的心绪，是多么的跌宕起伏，充溢着惊人心魄的动势。其艺术品格与书家的心绪跃然纸上，使人感同身受，体味到书家当时悲凉惆怅的心境，落笔起笔之间，莫不迅疾如飞，痛快淋漓！

《黄州寒食诗帖》，粗看率性而为，细品每一个字，就会让人感受到字中的真情。诗的头三行，字看上去中规中矩，尚有章法可寻，此时尽管苏东坡心情郁闷，但能看出他在极力克制着。从第四行起，苏东坡的心情随着诗的内容跌宕起伏，笔势逐渐放纵，点画粗重，字的结构开始信笔而为。写到第二首时，苏东坡的情绪已经收不住了，字与字之间，行与行之间，点画与点画之间，时疏时密，时紧时稀，时重时轻，时放时收……宛如江河奔泻，一发而不可收拾，字字如血，行行如泪，简直悲恸欲绝……也正是这种心境，他的艺术境界上升到了一个新的高度。此帖在用笔上或正锋，或侧锋，变化多样。例如"我"字之"戈"，"寒"字之捺，"黄"字之撇，均敛而不发。又如"年"字、"申"字、"苇"字，在藏与露之间尽显情感波澜。再看"病起头已白"五字，字形由大渐小；还有"坟墓在万里"五字，"墓"字写得特别大，另三字则缩得很小，之后又转到了"哭涂穷死灰"几个大字。苏东坡情感的变化意义错落有致，浑然天成。黄庭坚也为此敬佩的折腰了："东坡此诗似李太白，犹恐太白有未到处。此书兼颜鲁公、杨少师、李西台笔意，试使东坡复为之，未必及也。"书法大家董其昌在此帖上也留下了题跋，赞曰："余生平见东坡先生真迹不下三十余卷，必以此为甲观。"

《黄州寒食诗帖》是苏东坡书法作品中的经典，在中国书法史上影响颇为深刻，元代鲜于枢将它推崇为继王羲之的《兰亭集序》、颜真卿的《祭侄文稿》之后的"天下第三行书"。

苏东坡不仅有着流传百世的才学，更为人倾慕的是他的多情。苏东坡生命当中有三个重要的女人，他的每一个女人都是一首绝唱，他的每段感情都是一部传世佳话。

十年生死两茫茫，不思量，自难忘。千里孤坟，无处话凄凉。纵使相逢应不识，尘满面、鬓如霜。

夜来幽梦忽还乡，小轩窗，正梳妆。相顾无言，惟有泪千行。料得年年肠断处，明月夜，短松冈。

这首词是苏东坡追忆自己结发妻子的悼亡词。苏东坡的第一个女人是他的结发妻子王弗，她知书达理，善解人意，美貌善良，尽心侍亲，全力相夫。有时秉烛夜读、红袖添香，有时关怀备至、嘘寒问暖。苏东坡的妻子真是一位不可多得的贤内助呢！苏东坡为人做事豪放旷达，对谁都以诚相待，无论对谁都没有戒备心理。而他这位贤内助自知宦海艰深，人心叵测，每每遇见苏东坡接待客人，她都要站在屏风后面静静地听着，然后给他建议。话说红颜最薄命，王弗只伴在他身侧11年，就去世了。悲痛中的苏东坡护柩回乡，亲自为爱妻作了《亡妻王氏墓志铭》，在坟茔之山，又亲手种了很多棵松树，以寄托自己的无限哀思。又怎可知，每一棵松树无不是对自己爱妻的无限思念？熙宁八年（1075），苏东坡外任密州，有一天夜里梦到了自己的妻子，凄楚哀惋，醒来之后怅然若失、悲痛欲绝，于是挥笔写下千古第一的悼亡词《江城子·乙卯正月二十夜记梦》，诉说自己的无限哀思与愁肠：那个"小轩窗，正梳妆"的女子走了，徒留于我的是年年断肠般的想念。

苏东坡生命中第二个女人是王闰之，王弗的堂妹。她性情温和，端庄贤淑，一直仰慕苏东坡的才气，敬重他对堂姐的一往情深。她在王弗去世后的第三年嫁给了苏东坡，伴他走过了人生中最艰苦也最重要的25年。经历"乌台诗案"，苏东坡遭贬黜，在宦海中沉浮。甚至在经济最困难的时刻，她陪他赤脚耕田、摘野菜，千方百计共度苦难。即便生活困苦，只要夫妻二人有心有灵犀的默契，地狱也会是天堂。25年之后，王闰之先苏东坡离开人世，再次痛失爱妻的苏东坡，更是肝肠寸断，亲手祭文《祭亡妻同安郡君文》，还在亡妻百日时，将十张足以传世的罗汉佛像献给了妻子的亡魂。苏东坡去世后，其弟苏辙将他与王闰之合葬，完成了祭文中"惟有同穴"的宿愿。

苏东坡生命中的第三个女人是王朝云，她自幼沦落风尘，但天生丽质、聪明颖慧，苏东坡见之心生忧怜之情，便纳她做了小妾。她与苏东坡相差26岁，但十分善解人意，可谓是苏东坡的红颜知己，苏东坡写给她的诗歌也最多，诗中称她为"天女维摩"。相传，有一次苏东坡吃过饭，走出房门，路上遇到家婢就问："你们且知道我肚子里装的是什么东西吗？"一位婢女说："都是文章。"东坡笑笑走了。又有一个人说："你满肚子都是见识。"东坡又笑笑走了。遇见王朝云也问，朝云说："你一肚里装的都是不合时宜的东西。"东坡随即捧腹大笑，称赞她："知我者，朝云也！"不幸的是朝云也未陪东坡走完一生的路，在东坡贬至惠州时，染疾去世，享年34岁。王朝云去世后，苏东坡一直鳏居，再未婚娶。在其墓上苏东坡亲撰楹联一副："不合时宜，惟有朝云能识我；独弹古调，每逢暮雨备思卿。"

苏东坡生命中的三个女人，虽然未能够妇随夫贵，但是在短暂的生命里，夫妻恩爱，琴瑟和鸣，君当作磐石，妾当作蒲苇，风雨不摇，坚不可摧，当真令后人可敬可叹！

苏东坡的艺术成就与人格魅力所构成的世界，就像深邃无际的星空，流光溢彩，博大精深，林语堂毫不吝啬地称赞："苏东坡是个秉性难改的乐天派，是悲天悯人的道德家，是黎民百姓的好朋友，是散文作家，是新派画家，是伟大的书法家，是酿酒的实验者，是工程师，是假道学的反对派，是瑜伽术的修炼者，是佛教徒，是士大夫，是皇帝的秘书，是饮酒成癖者，是心肠慈悲的法官，是政治上的坚持己见者，是月下的漫步者，是诗人，是生性诙谐爱开玩笑的人。"历经风霜雪雨，说到底乐观才是苏东坡的最真，拂去饱受生活磨难的外衣，苏东坡依然是一个快乐至上的艺术家。

黄庭坚（1045—1105）
十年老却少年心

"酒浇胸次不能平，吐出苍竹岁峥嵘。卧龙堰赛雷不惊，公与此君俱忘形。"有谁还记得黄庭坚如此放浪形骸的心境？现实生活向他展现出太骨感的一面，贬谪的屈辱，生活的艰辛，高远的志向难以实现……种种的苦恼呵！他的思绪犹如脱缰的野马，驰骋于心灵的搏击之中。执笔吧，他的字为情所凝，他的字又为气所驱。挥毫作书，驾驭着他瘦而不朽、寒而不悲、时而险怪、时而寒涩的长线条，这用心灵之手谱写的生命旋律呵，将狂草推向了纵逸飘荡的艺术天国。

天涯也有江南信，梅破知春近。

夜阑风细得香迟，不道晓来开遍向南枝。

玉台弄粉花应妒，飘到眉心住。

平生个里愿杯深，去国十年老尽少年心。

这首是黄庭坚著名的词作《虞美人·宜州见梅作》，从这首词我们便可以很坚定地认为，黄庭坚是一个历史明星，一个令世人瞩目的历史文化星辰。十年，人生能有几个十年啊。"去国十年"，经历过人生悲苦，遭遇了众多波折的黄庭坚，才会有如此凄凉的人生感悟吧——老尽少年心！在宜州见到了梅花，慨叹了人生十年。在此之前，黄庭坚在给友人黄几复赠寄的书稿中，也慨叹过"桃李春风一杯酒，江湖夜雨十年灯"。读了他的诗不免让人叹息，在历史文化的沉淀之中，不禁让人怀想，他是有着怎样的境遇，如此痛不欲生地大声慨叹呢？

黄庭坚也是少年英才，22岁时就考取了进士，这个时候的黄庭坚，可谓是"春风得意马蹄疾，一日看尽长安花"。而且当他在京城国子监教授期满的时候，朝廷派人对他进行了考核，准备提拔他，任他做卫侍寺丞兼任著作佐郎。这差事当得美啊，这工作尽管不是肥差，也至少是件美差。他美美地坐在这个差位上，陪伴在大宋皇帝的身侧。才华出众如他，任职任得好，就可获得皇帝的器重，高位无忧便可唾手可得了。而偏偏这位才华出众的才子倾慕大宋朝的皇帝，而是大宋朝的另一位才负盛名的文学大家苏东坡。黄庭坚崇尚苏东坡是有一段渊源的。其实黄庭坚早就想要结识这位大文豪了，一次黄庭坚实在忍不住就写《古风》诗二首，以信为媒，托他的舅舅李常转呈苏东坡，表达他了无限的仰慕之情。此时在徐州知州职位上的苏东坡，看到了黄庭坚为他写的《古风》诗二首，也看到了他写的信函，于是就打心眼里喜欢上了黄庭坚。

这时，偏偏"乌台诗案"爆发了。这个事件太突然了，突然得让人措手不及，苏东坡没有想到，黄庭坚更没有想到。以王安石为首的新派，与以苏轼为主的旧派格格不入，新派中有一个叫舒亶的人最擅长抓别人小辫子了，他鸡蛋里挑骨头似的专门挑苏东坡诗作中的牢骚句，将谩骂新朝的牢骚句都一一给皇帝看。苏东坡倒霉了，连带着好友黄庭坚也倒霉了，就因为他给苏东坡邮寄的那些诗稿和信函。苏东坡查办入狱了，到了那些陷害苏东坡的人手里，连黄庭坚也不放过。黄庭坚受到了株连，被贬出了京城，给他准备担任的职务也都取消了，放他去了江西吉州做了太和知县。

就因为黄庭坚投了《古风》一诗，投了信函一封，于是他的后半生打上了苏东坡的烙印，与苏东坡结下了不解之缘。后世之人都喜欢将他们二人并称为"苏黄"，但在实际生活当中，黄庭坚是非常自谦地把自己称为苏东坡的学生，那么他也绝对是"苏门四学士"中的一个重要顶梁柱。所以苏东坡倒了霉，黄庭坚也自然是逃不了的，这就是大宋朝的政治上的诡秘之处，喜欢将人归入到一个党派之中，一旦一个党派把持朝政，另一个党派就会不得安生，党

松风阁诗卷

内人员就会连着倒霉。好端端的大宋气象就这样被搞得一塌糊涂。

无可否认，在政治上失意的黄庭坚，是一位艺术大师，他的书法作品令人过目难忘、动人心魄。黄庭坚的书法流传至今天的只有狂草，他的线条就像屋漏折钗，姿态百千，具有非常强烈的抒情性与震撼力。他不仅创造出了自己的书艺风格，更对后代书法艺术的发展有着不可磨灭的影响。他留存于世的书法真迹有《松风阁诗》《苏轼寒食诗跋》《诸上座帖》《明诗后题卷》《寒山子庞居士诗卷》和《李白忆旧游诗卷》等。

《松风阁诗卷》墨迹，粉花白纸，行书。纵40厘米，横228.7厘米，共计29行，153字，字大小如拳，为黄庭坚58岁时所作。此帖萧疏爽朗，俊健英杰。四周舒放，运笔工稳圆浑，笔画丰腴遒劲，结字中宫紧收，充分彰显了黄庭坚行书"寒瘦"的艺术风格。这首诗正是黄庭坚以流谪之身，游于湖北鄂城的樊山，有感于当地的山水风光，触景生情，于情不自禁中所作。这首诗字里行间充盈着一股正气。从书法风格上来看，充分显示着"二王"遗韵以及柳公权的笔意。纵观此帖，长线短笔，揖让有别，晚年用笔成熟、老到的佳境书艺技巧一览无余。其卷后有南宋向冰题跋，云："此松风阁诗乃晚年所作。……然书法具存，章章乎羲献父子之间。"其上钤有"乾隆""嘉庆""宣统御览之宝""秋壑""白姊图书""仇英""北平孙氏""卞永誉印""项元汴印"等鉴藏宝印。

《诸上座帖》，又称《梵志诗》。墨迹，纸本。纵33厘米，横729厘米，草书，正文共79行，477字，款计行书13行，64字。此帖是黄庭坚给好友李任道写的。梁清标先生评价此帖："此卷摹怀素书。"细细观摩这部帖子，结体雄放恣肆，用笔飘逸飞动，富有圆婉超然之势，明显一股怀

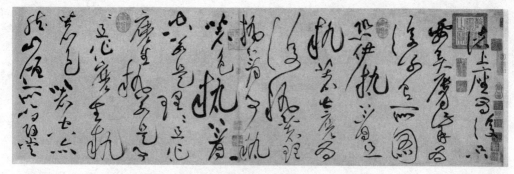

诸上座帖（局部）

素草书的笔意。纵观全卷，其笔势犹如长风破浪，呼啸而下，一览无余全
是大小各异的点画与长短纵横的线条，交织在一起，一片狼藉，满纸云
烟，引发后世之人无尽的遐想。还有在章法上，笔断意连，气韵生动，
以一种排山倒海、气压群雄之势，给人一种磅礴之感。清代孙承泽《黄
鲁直〈诸上座〉》评曰："此卷……字法奇宕，如龙搏虎跃，不可控御，宇
宙伟观也。然纵横之极，却笔笔不放，古人所谓如屋漏痕、折钗股，此其是
矣。"此帖是黄庭坚草书中的代表作。

　　《黄州寒食帖跋》，牙色纸本，行书。此卷前一半是苏轼写的《黄州寒食
诗二首》，后一半为黄庭坚题跋，现藏于台北故宫博物院。这一题跋，从笔意
上来看尽显"老"意，气势磅礴，纵横挥毫，情酣意遂，这是黄山谷在他56岁
时书写的。从结体来看，严谨中又多有放肆之处，字的中宫收紧，继而又向四
周辐射，用笔大胆泼辣，沉着痛快。再从章法上来看，气势连贯，挥洒肆意，
不拘一格，虚实对比适当，节奏感极强。在用笔上，虬劲有力，擒纵相生，藏
锋露锋尽显方笔圆笔的巧妙结合，墨色浓枯有致，欹欹侧侧，给人以"以侧险
为势，以横逸为功"之感。通篇无一不是黄庭坚痛快淋漓、恣肆豪宕的自然
流露，在这个崇尚笔意的宋代，黄庭坚不仅是笔意的探索者，更是笔意的高扬
着。李瑞清曾评论道："鲁直书无一笔不自空中荡漾，而又沉着痛快，可以上
悟汉晋，下开元明。"

　　黄庭坚《惟清道人帖》，行书，纸本。纵29.4厘米，横32厘米，尺牍11行。
现藏北京故宫博物院。作于绍圣元年（1094年），钤有"缉熙殿宝""项元汴

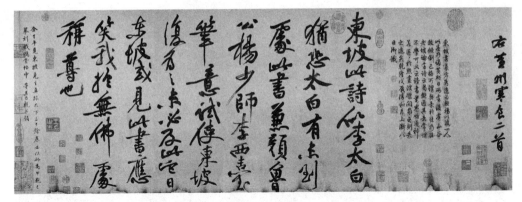

黄州寒食帖跋

印""仪周珍藏"等藏印。此帖曾经明内府及项元汴、安岐等收藏。书风端稳紧结，俊健古雅，有晋唐人法度和韵致。又与黄庭坚行楷书跌宕开阔、斜欹外拓的风格有所不同。乾隆评此帖云："凌冬老干，偃蹇岩壑。"

黄庭坚流传后世的墨迹，令我们心摹手追。《宋史·文苑传》称："庭坚学问文章，天成性得。"又有陈师道先生称其"诗得法杜甫，善行草书，楷法亦自成一家"。黄庭坚自己也说："余学草书三十余年，初以周越为师，故二十年抖擞俗气不脱。晚得苏才翁（舜钦）子美书观之，乃得古人笔意。其后又得张长史、怀素、高闲墨迹，乃窥笔法之妙。"

黄庭坚的行书，如《苏轼寒食诗跋》《松风阁》，其用笔正如明代冯班《钝吟杂录》所讲的那样："笔从画中起，回笔至左顿腕，实画至右住处，却又跳转，正如阵云之遇风，往而却回也。"他在起笔处欲右先左，由画中藏锋逆入至左顿笔，之后平出，"无平不陂"，下笔着意变化；又收笔处善藏锋，回锋藏颖，抑扬顿挫，以画竹的手法作书，给人一种"沉着痛快"之感。其结体是从柳公权的楷书中获得了启发，中宫收紧，由中心向外纵伸横逸，如撑舟、如荡桨，气宇轩昂，气魄宏大。学他的书法，就要用心点画之间用笔的"沉着痛快"与结体的舒展大度。至于他的草书，赵孟頫说："如高人雅士，望之令人敬叹。……黄太史书，得张长史圆劲飞动之意。"

黄庭坚在书法艺术上的审美追求，似乎与他的文学一脉相承，力图创造一种奇崛的艺术语言。他师承苏轼，却有着自己的清醒与高明。如果说苏轼过分

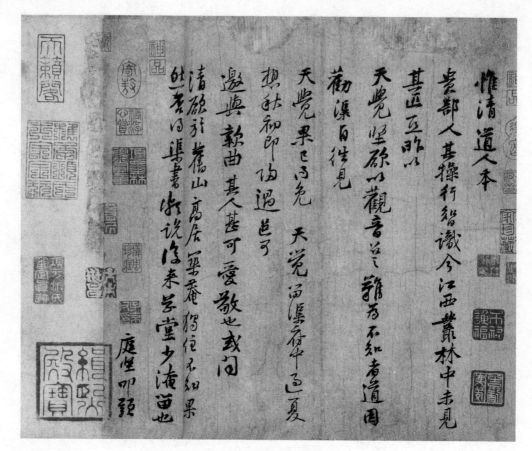

惟清道人帖

依赖于他所显露的才气，那么黄庭坚则主张选择一条属于自己的道路，对自己的老师也敢作出不留情面的批判。也正是这种可贵的批判精神，往往也会对自己进行无情的批评。正是基于他赤诚的学术品格与博学的知识结构，黄庭坚才能够独立于苏轼之外，成为与苏轼齐名的一代宗师。

百般端详他的书法，再去追索他的生平，就会得到令人新奇的发现：黄庭坚其实还是一位虔诚的佛教教徒！回过头来，再看他的书法作品，往往带有着些许禅意。

书法家之妙，"妙在能和，神在能离"。"妙在能合"即是禅宗所谓"不为法脱"；"神在能离"即禅宗所讲"不为法缚"。能入"三昧"之境界，得"无法之法"之妙道，都体现了一种"尚神"的风貌，这种"境界"与"妙道"是书法家与禅僧们毕生追求的最高境界。禅宗重悟入，分为渐、顿两派，即渐修和顿悟。从书法的角度来讲，"渐修"是长期对基本技法的修炼和学习，只有如此，才能达到出神入化、心手两忘的顿悟境界。事实上，这种境界也并不是那么的神妙莫测。黄庭坚说："不经苦心悬念，未必契真。"这是古法，是博采众长而后通达的结果。

"酒浇胸次不能平，吐出苍竹岁峥嵘，卧友堰赛雷不惊，公与此群俱忘形"。有谁还记得黄庭坚如此放浪形骸的心境？现实生活向他展示出太骨感的一面，贬谪的屈辱，生活的艰辛，高远的志向难以实现……一种种的苦恼呵！他的思绪犹如脱缰的野马，驰骋于心灵的搏击之中。执笔吧，他的字为情所凝，他的字又为气所驱。挥毫作书，驾驭着他独特瘦而不朽、寒而不悲的时而险怪、时而寒涩的长线条，这用心灵之手谱写生命旋律，将狂草推向了纵逸飘荡的艺术天国。

米芾（1051—1107）
来自众香国的书画"白痴"

"众香国中来，众香国中去。人欲识去来，去来事如许。天下老和尚，错入轮回路。"有谁还记得书画癫人米芾在自己辞世之前，坐在楠木棺材中喃喃自语的这首禅文？大凡艺术家，往往都有另类的一面，这是可以理解的。但是怪到"癫"，甚至被人们称作"癫"的地步，却极少见。被时人称之为"米颠"的宋代书画大家米芾，就是其中的一位。

可以肯定的是，宋徽宗赵佶不是一位勤政的好皇帝，但绝对是一个好的艺术鉴赏家，要不然他是不会对大不敬的米芾如此宽恕。米芾，初名黻，后改芾，字元章，号鹿门居士、襄阳居士、海岳山人等。山西太原人，迁居湖北襄阳，后定居润州（今江苏镇江），北宋著名的书画家，书画理论家。祖上四人均在朝廷做官。米芾自幼就显露出聪明才智，6岁时就能够每日读书百篇，并且是那种过目能诵型的。在他18岁时，因他的母亲曾经是宋英宗皇后高氏的乳母而得受"恩荫"步入仕途。历任秘书省校书郎、晗光尉、雍丘县令、涟水军使、发运使、太常博士、书画博士等职。尽管他有着清廉的政绩，但始终升迁不到太大的官，最终以六品的礼部外郎结束了自己的仕途生涯。

对于仕途上的不如意，米芾一直抱着"功名皆一戏，未觉负平生"的态度，淡然相对。而对于书法艺术，他的态度恰恰是相反的，特别地执着，每天临池不辍，甚至大年初一也要写上几笔，自称："一日不书，便觉思涩，想古人未尝半刻废书也。"他这种对书法从不怠慢的态度，也真够让人敬佩的。明代有人记载，米芾写《海岱诗》，反复写了三四次，他仅对其中一两个字满意，由此可见他书法创作态度的严谨。他的书法笔致浑厚俊迈，体势展拓，与苏轼、黄庭坚、蔡襄（一说蔡京）被合称为"宋四家"。苏东坡评论米芾的书法，认为有"风樯阵马，沉着痛快"之态，可以与"书圣"锺繇、王羲之并列了。米芾的绘画也是一绝，尤其擅长水墨山水。他常以书法中的点入画，用大笔触的水墨来表现云雨变幻的江南山水，人称米氏云山。米芾的传世书法墨迹有《蜀素帖》《拜中岳命帖》《苕溪诗帖》《虹县诗卷》《草书九帖》等，而并无绘画作品传世。他的书画理论多见于所著的《书史》，他的儿子米友仁也是有名的书画家，并深得父亲真传。米家父子二人历史上称之为"二米"。

作为艺术家，米芾举止张狂，放荡不羁，即使面对权贵，也敢放言无忌，且自身带有不少的洁癖与怪癖，常常作出令人费解的举动。

米芾一生钟爱奇石，奇石的"疏、露、透、皱"在他的书画理论里有着见仁见智的独到见解。任何一块奇石只要一入他的"法眼"，就再也休想"逃脱"，无论要花费多少代价，他也必欲收至自己手中而后快。他经常到各个地方游历，每到一处，他都要游览当地的名山，每每遇见奇峰怪石，他不管身边有没有人，有什么人，当即正襟下拜，口称"石兄"。弄得别人常常侧目而视，以为他是精神病，他却完全视而不见。甚至有一次，他得到了一块上好的砚台，居然抱着它睡了三天！

安徽省无为县境内，有一条河。有一天，奇了！河中无缘无故出现了一块巨大的怪石，没有人知道它从哪里来，也没有人敢去靠近摸它，大家都传说这是件不祥之物，会给人带来灾难。这件事很快就传到了当时正任官职的米芾耳中。他丝毫没有恐惧，甚至还特别地兴奋，认定那就是一块举世无双的宝石。他当即租了一条大船，带上家人前去观看。只见河中真的躺着一块巨石，形状极不规则，黑黝黝的，还略略带有些金属光泽。这很可能就是我们今天所谓的"陨石"。但在当时人看来，这块"天外来客"就是不祥之物。米芾一看见这块巨石，就两眼放光，他在船上对着石头恭恭敬敬地磕头下拜，口中喃喃不已："石兄，委屈你了！"拜罢，他就命令家人将巨石抬到船上，运回自己的府中，安置在厅堂前。米芾命人摆好香案，自己穿上整整齐齐的礼服，净手焚香，神情庄严地对着石头下拜，口中念念有词地说："石兄，我想见你有二十年了。今天你光临寒舍，真是三生有幸啊！"自那以后，米芾每天都要对着那块巨石仔细观察、抚摸，有时一看就是大半天，到了如痴如狂的地步。

米芾敬奉怪石的事很快就传得沸沸扬扬，一个一直被米芾鄙视的官员知道了此事，当即就上本参奏米芾的玩物丧志，荒废政事。米芾因此被罢免了职务。但他没有后悔，也没有因此沮丧，反而画了一幅《拜石图》，挂在堂前，自鸣得意。从此，他的"颠"名就广为流传了。

米芾又是一位出了名的"洁癖"。尽管他行为颠狂，但衣服总是很洁净，只要衣服上弄上一点点脏，他就要立马脱去换掉，即使是在外出游玩的时候，他也会命令仆人甚至自己动手去洗干净，有时候因为此事多走许多路也在所不惜。他从来不和其他人共用一件器具或用具，更不允许有一丝的不洁净，哪怕是自己的心爱之物，只要沾上丁点脏污，他都毫不怜惜地丢掉。

米芾与好友曾祖都有收藏书画奇石的癖好，也都擅长鉴定文物，他们二人常常在一起谈诗论书、互赏藏品，甚是投机。二人一旦遇到都喜欢的同一件宝物，会争得面红耳赤，甚至闹翻，但最后依然会和好如初。一日，曾祖到米家拜访。米芾得意说："最近我重金购得了一块上好的宝砚。那简直就是人间的宝物，就像是天上才有的珍宝，哈哈，竟被我发现了。"说得曾祖心痒难耐，恨不得立马将宝砚拿到手。他故意说道："真的吗？您固然博闻多识，但在鉴赏宝物方面未必能够胜过我吧？万一是赝品呢，还是由我给你把把关吧。"米芾听后气得直结巴："你、你、你竟敢怀疑我的眼光，真是厚颜无耻的家伙，我今天就让你开开眼，让你这孤陋寡闻的家伙瞧瞧！"言罢立马起身拿砚。曾祖看见米芾拿砚过来了，就立马用手帕将手擦干净再去接砚。米芾看见他这样气也就消了一半，放心地将砚递了过去。此时曾祖已经打好了心中的小算盘了。他仔细端详石砚，赞不绝口："好砚，好砚，真的是好宝物！"赞得米芾心花怒放。见米芾毫无戒备之心，曾祖就故意疑虑问："哎呀呀，这么好的砚，不知道发墨怎么样？"米芾听后忙叫人取水磨墨，曾祖做出心急火燎的样子，说："水咋还不到？"说完就向宝砚上"呸呸"吐了两口磨起墨来。米芾见心爱的宝砚被弄脏了，暴跳如雷："曾祖，你这个无耻之徒！"曾祖惶恐地赶紧掏出手帕来擦，将砚里砚外擦得都是墨，米芾见自己的宝砚被擦得一塌糊涂，气得不愿再瞅他一眼："我不要了！不要了！你赶紧给我消失！"曾祖诡计得逞，却作出很尴尬的样子，一边道歉，一边捧着砚笑眯眯地走了。有人说，米芾的洁癖并不仅是出于爱洁净的天性，其主要原因是对人世间丑恶的憎恨而至愤世嫉俗的程度。

米芾作为一代书画大师，其可贵之处在于：他能够师古而不泥古，集众家之长自成一派。他不仅精研前人传统，又能脱出前人的篱笆，尽情显示自己独特风貌。他在书法方面勇于探索、创新，在继承传统文化的基础之上，求拙，求奇，求险，求新，吸精华去糟粕，集众家之长，成自家面目。

同为宋四家的黄庭坚称其书法："如快剑斫阵，强弩射千里，所当穿彻，书家笔势，亦穷于此。"苏东坡评其书法："风樯阵马，沉着痛快，当与锺王并行，非但不愧而已。"又非常感慨地说："迈往凌云之气，清雄绝俗之文，超妙入神之字，相知二十年，恨知公不尽！"米芾却回答道："更有知不尽处！"擅长瘦金书的宋徽宗赵佶问他："本朝的书法家如何？"他说："蔡京不得笔，蔡卞得笔而乏逸韵，蔡襄勒字，黄庭坚描字，苏轼画字。"赵佶一听乐了，就问："你呢？"对曰："臣书刷字。"

对米芾书法艺术的推崇，后人形成了一个公认的准则，以为他率真的笔法，一洗唐晋以来世人推崇的和平简约的书风，为后代书法领域开创出一个神采飞扬的崭新境界。米芾是能够担当起俊逸之士这个雅号的，且不管其他，但看他的书法作品，就能够看得清楚。米芾传世墨迹很多，其中珍藏于台北故宫博物院的《蜀素帖》、日本国立博物馆的《虹县诗帖》作为他的晚年作品，就足以令人心惊了。

《蜀素帖》，又名《拟古诗帖》，为米芾的传世墨迹，以行书写成，位列

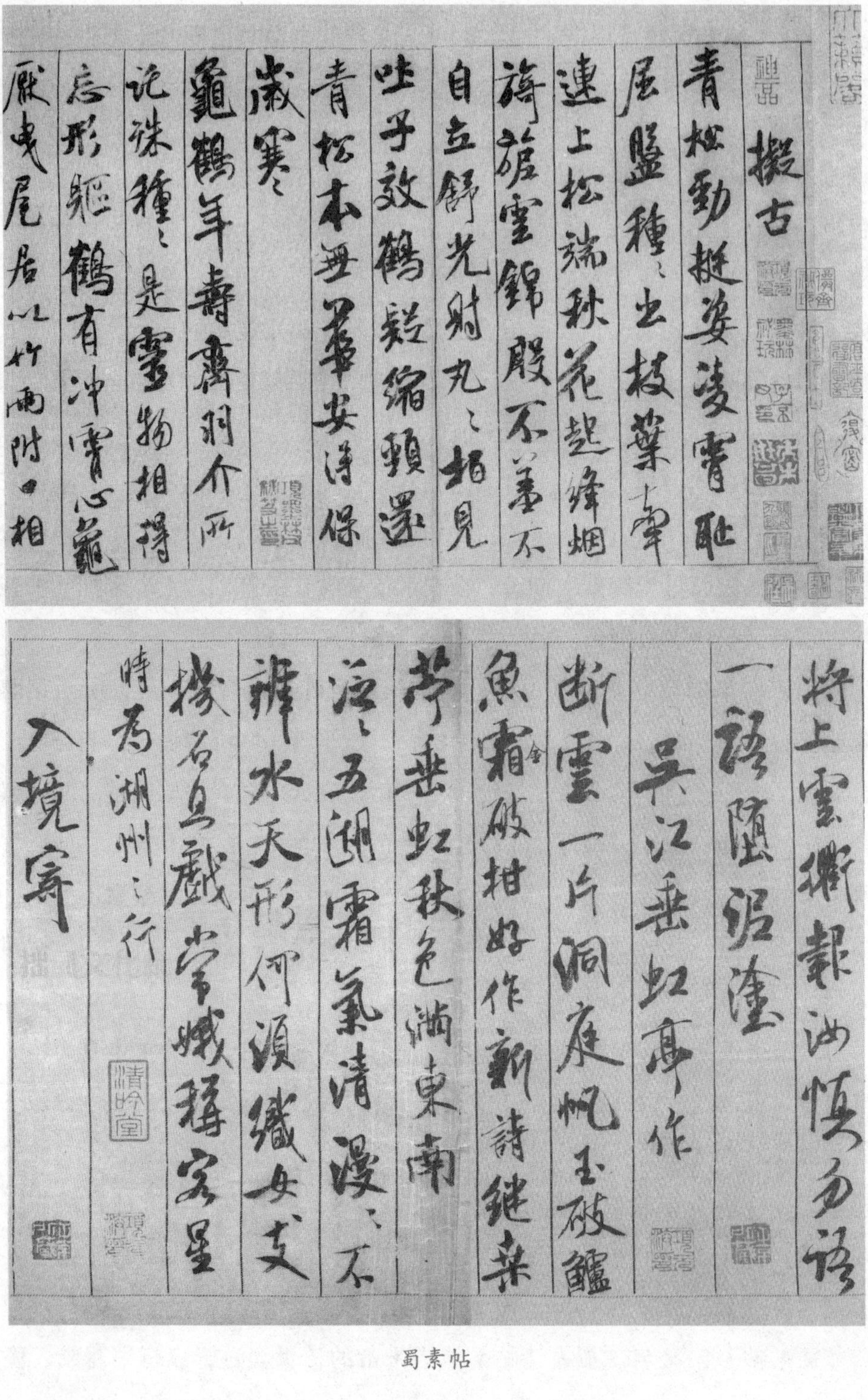

青松劲挺姿，凌霄恣意逞。屈盘种种出枝蘖，速上松端秋，花起绛烟，旖旎云锦殷。不羞不自立，舒光射丸之照见，吐子效鹤嗉缩颈还，青松本无华，安得保岁寒。龟鹤年寿齐，羽介所记诛种种是灵物相得忘形躯，鹤有冲霄心，龟厌曳尾居，以竹两附口相

拟古

将上云衢，报汝慎勿语，一语堕泥涂。

吴江垂虹亭作

断云一片洞庭帆，玉破鲈鱼霜破柑，好作新诗继桑苎，垂虹秋色满东南。泛泛五湖霜气清，漫漫不辨水天形，何须织女支机石，且戏嫦娥弄客星。

时为湖州之行

入境寄

蜀素帖

于"中国十大行书"的第八位。纵29.7厘米，横284.3厘米。写于哲宗元祐三年（1088年），时年38岁，正值意气风发，共书自作各体诗八首，71行，共计658字，卷末款属"元祐戊辰，九月二十三日，溪堂米黻记"，现藏于台北故宫博物院。

《蜀素帖》，顾名思义，就是作在蜀素上的书法。这一卷珍贵的蜀素，因为米芾，从此不再空白。我们欣赏米芾的《蜀素帖》，一入门径，便可明显发觉他这卷趁兴而作的《蜀素帖》果然耐人寻味；一个字一个字用心触摸，始可知其字变化多端，体态万千，虽书写于乌丝栏的制约之内，却不受乌丝栏的束缚，率意放纵，笔势飞动，用笔俊迈，提按转折挑，曲尽变化，好不痛快！此帖用笔多变，体态万千，充分体现了他"刷字"的独特风格。开篇的《拟古》诗篇，似乎还带有楷书的味道，越往后，他的笔走着，墨动着，有了冲动，有了潇洒自如，可谓是"八面出锋"，生动摇曳，多彩多姿。

其中紧凑的笔墨与大段空白的强烈对比，风卷云急的动势与端庄雍容的静意的完美结合，流畅的笔势与生涩的笔触相生相济，粗重的笔画与纤柔的线条交相映错，构成了《蜀素帖》独具一格的章法！所以清高士奇曾盛赞此帖："蜀缣织素乌丝界，米颠书迈欧虞派。出入魏晋酝天真，风樯阵马绝痛快。"还有著名书法家、词人黄庭坚也很自信地认为，米芾的《蜀素帖》其笔势有时如刀剑出鞘，锋利无比；有时如窈窕淑女，婀娜多姿。寥寥数语，说得极其简单明了。

《虹县诗帖》墨迹本，纵31.2厘米，横487厘米，共37行，91个字。现藏于日本国立博物馆。此帖是米芾晚年时期的作品。宋徽宗崇宁五年（1106年），米芾因为擅长书画鉴定而深受赵佶的赏识，任命他为书画两学博士职位。虹县是安徽泗县的旧名，位于汴水之上。是米芾往返于汴京和润州的必经地。从诗中来看，此帖为米芾乘船往汴京的时候所作。次年三月，米芾就去世了。

《虹县诗帖》的内容是米芾偶然兴起所作的七绝、七律诗各一首。且看：

虹县旧题云：快霁一天清淑气，健帆千里碧榆风。满舡书画同明月，十日陠花窈窕中。

在此帖中，米芾的"刷字"表现得淋漓尽致。在用笔上劲健迅疾，在书写

虹县诗帖（局部）

时故意加强毛笔与纸之间的摩擦力，在少墨时则会出现丝丝枯毛间的"飞白"，
这使人感受到了刷墙的感觉。此帖的墨法是历代书法中的经典。第一次蘸墨，写
下了"虹县旧题"四个字；第二次蘸墨，"云快霁一天清淑"一气呵成，墨色枯
尽，尽显"飞白"的效果；第三次蘸饱笔墨，写了"气健帆千"四个字，字字圆
润有力；第四次连写"里碧榆风满舡"六字，又突显"飞白"。虽然，每行只有
几字而已，但行行皆取摇曳之势，形成较为强烈的曲直对比，章法动人心魄。沙
孟海《〈海岳名言〉注释》中说："米老所对勒字、排字、描字、画字，皆是做
作之词。自己说刷字，刷便是挥洒自然，一无做作。"当然，米芾的自负是建立
在过人的技法之上的。

米芾有诗曰："我生辛卯两丙运。"有人说他是粟特人，有人说他是奚
人，还有人说他是伊斯兰人的后裔，他自己则说自己"来自众香国"。这个率
真而为的狂士米芾啊，真让人又恼又爱。他狂怪的性格，友人蔡肇为他书的墓
志铭也说："举止颉颃，不能与世俯仰。"幼时随母亲居住在皇宫宅第，寄人
篱下，过人的天赋与卑微的地位之间的反差，扭曲了他幼小的心灵，这是他后
世玩世不恭的主要诱因。他厌恶逢迎，艺术成为了他人生旅途上的良药，成为
他生命的全部。

赵孟頫（1254—1322）
久负盛名与骂名的人

　　古往今来研习宋史的先师学究怕是都不会错过这样两组被后世评价迥然不同的人：岳飞和秦桧，文天祥与赵孟頫。诚然，前三者的故事是早已为世人熟知，人们对他们的褒贬也是一锤定音。可是赵孟頫却又不似他们一般，不论在历史还是文化的洪流中他一直都是一朵"奇葩"，一位久负盛名与骂名的人。

　　之所以称赵孟頫为"人"而未冠以任何修饰，是因为他实在是有太多的身份。皇家后裔，官宦子弟，南宋遗民，元朝重臣，著名书法家、画家……凡此种种不胜枚举。

　　赵孟頫生不逢时，1254年正值南宋王朝风雨飘摇之际,他选择来世上走一遭。不过他也是明智的，投胎到官宦家庭而且还是太祖皇帝十一世孙，年方十四便承父荫而补官，后调真州司户参军。然而少年得志，初尝仕途快感的他却和当今社会不同，人们认识他并不是因为他有个当官的老爹和高贵的血统，真正让他为世人所知的当属他在书法上的造诣，包括后来被元朝政府重用，大抵也和才华分不开。

　　赵孟頫，字子昂，因家中藏有两张古琴，一名"大雅"，另一名"松雪"，故命其书斋为"大雅堂""松雪斋"，自号"松雪道人"。又因家居太湖南岸湖州，住所周遭河川纵横，溪流密布，深得清净透彻之水性，有"溪上玉楼楼上月，清光合作水晶宫"为证，于是他又给自己起了个雅号"水晶宫道人"。不过因为太长了所以也没多少人这样称呼他，而且作为楷书四大家之一的他似乎也没有另外三个同行那么家喻户晓，也许是因为"頫"字太难念的缘故吧。

每一个有建树的人，他的成功都绝非偶然。赵孟頫的父亲赵与訔，官至户部侍郎兼知临安府浙西安抚使，善诗文，富收藏，这无疑为赵孟頫的成才创造了绝佳条件，但是后天的努力更为重要。赵孟頫5岁入学读书，赵孟頫《东山存稿》记载："往岁游吴兴，登松雪斋，闻文敏公门下士言：'公初学书时，智永《千文》临习背写，尽五百纸；《兰亭序》亦然。'"更何况人家祖上（高宗、徽宗等）都在书法艺术上有极高造诣，赵孟頫早年也正是习究先祖的笔风。

提及赵孟頫的笔风可谓是书风遒媚、秀逸，结构严整、笔法圆润浑熟。习书固然是赵孟頫一生的事业，但这并不是像爱迪生搞发明一样，把自己关在屋子里就能捣鼓好了的。习书当从师临摹，而后方能融会贯通自成一家。观其所从之师，才能了解他习书的渊源。

赵孟頫的习书之道路大致经历了三个历史阶段。正如宋濂在跋《赵子昂书浮山远公传》中所说："赵魏公之书凡三变：初临思陵（宋高宗赵构），中学锺繇及羲、献诸家，晚乃学李北海。"

从他本人的著录和传世的书迹看，宋濂说的都是大实话。赵孟頫19岁所书《读书乐》"笔力遒劲""全用思陵体格"。30岁挥就的《杜工部秋兴四诗卷》，更是"学高宗书"，"韵度丰艳"。赵孟頫早年对宋高宗的书法用功甚勤可见一斑，由此说来高宗也算是赵孟頫的启蒙老师了。

赵孟頫不惑之年致力于王羲之的书法习究，而他先从智永《千字文》入手临摹，这与宋高宗在《翰墨志》中一再推崇智永《千字文》，是不无关联的。此外从赵孟頫传世的《千字文》墨迹看，笔风意境甚似智永，形神具备。尤其是赵孟

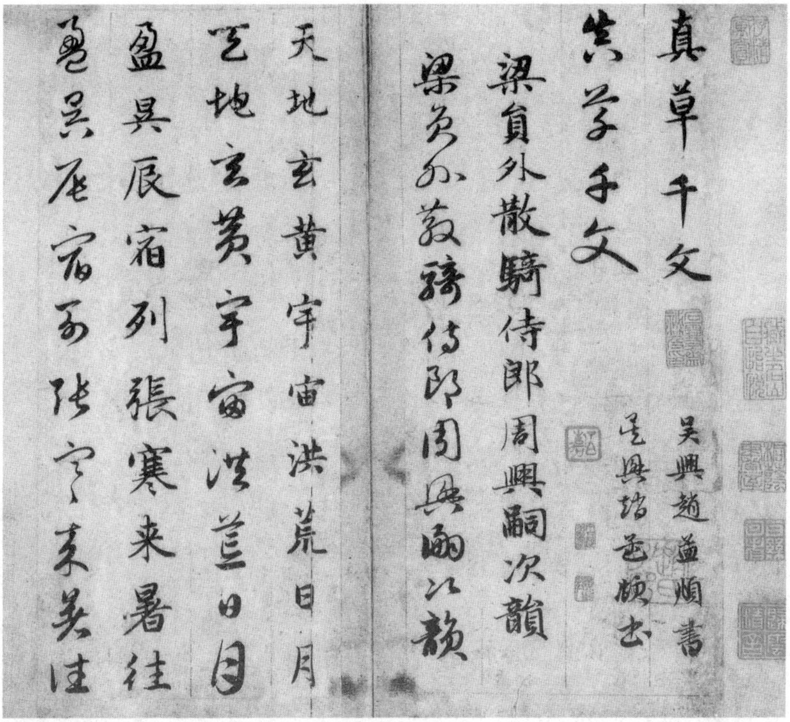

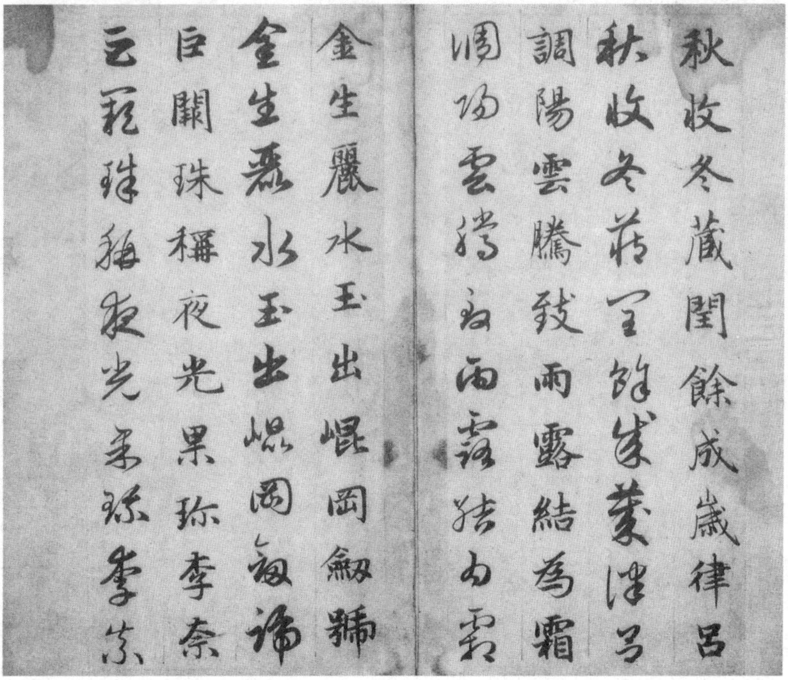

真草千文

怎学手文

梁貟外散騎侍郎周興嗣次韻

吳興趙孟頫書

天地玄黃宇宙洪荒日月

盈昃辰宿列張寒來暑往

秋收冬藏閏餘成歲律呂

調陽雲騰致雨露結為霜

金生麗水玉出崑岡劍號

巨闕珠稱夜光果珍李柰

真草千字文

颓得《淳化阁帖》和从独孤长老处得到定武本《兰亭》后，更是倾心注力，全意临仿。在当时，由于《兰亭》真迹已亡，所以宋人皆以定武本为贵。姜夔在《禊帖流源考》中说："《兰亭》真迹隐，临本行于世；临本少，石本行于世；石本杂，'定武本'行于世。"所谓"定武本"，历史上普遍的说法是以定武本《兰亭》的发现地"定武"命名的。在行、草书的学习上，他根深深扎于"二王"书法这一方沃土中，"楷法深得《洛神赋》而揽其标；行书诣《圣教序》而入其室；至于草书，饱《十七帖》而变其形，可谓书之兼学力天资，精奥神化而不可及矣"。细细品读赵孟頫的行、草书作品，不难发现，能尽得"二王"书法精髓的，他算是第一人，而且有第一没第二，第三差着十万八千里。

及至晚年为了适应书写碑版的需要，赵孟頫又寻觅到了"碑版照四裔"的

李邕（北海），从而使他的楷书增添了几分朗朗风骨，彰显出"丰丽遒逸，内骨停整"的风貌。"其学李北海，殆如玉环之于飞燕，虽任吹多少，而《霓裳》一曲，足掩前调"（明王世贞《州山人稿》），这也成就了其碑版书独一无二的面貌。

赵孟頫倒不像某些书法家，身后只留下了只言片语，甚至有的连可参考的第一手资料都没有留下。恰恰相反，赵孟頫留存于后世的作品很多，后世研究其著作的人也不计其数。之所以赵氏书法愈流传愈重视，也主要源于其独特的艺术魅力。

赵孟頫的《秋声赋卷》，纸

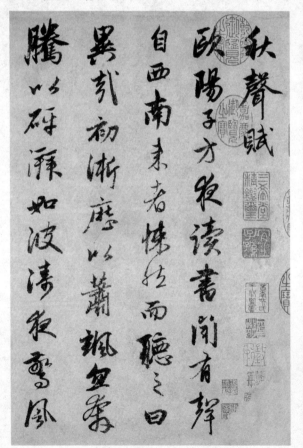

秋声赋卷

本，横182.2厘米，纵34.8厘米，现藏于辽宁省博物馆。此卷呈现出赵氏书法成熟的风格样式，可称其代表作。

看到这幅作品，我们首先感受到赵孟頫成熟的笔墨技巧，整卷用笔精妙，笔致婉转流畅，点画楚楚动人、圆润晶莹。他的横画如蜻蜓点水一般轻盈划过，干净爽快；他的竖画在收束地方，呈现着轻盈的悬针状，或是显露出含蓄垂露态。赵书的一大特征是"熟"，因为"熟"，所以下笔便"驭驭而行，毫不犹豫"；因为"熟"，不由让我们为他"笔笔守法则、处处合矩矱"的精妙笔法发出由衷的慨叹了。从此书卷中的某些字来看，可以说，赵孟頫是深得"二王"的精髓的，譬如"天""为""清"等，这几个字的笔法与结体都与《兰亭集序》是一脉相承的。赵孟頫主张复兴魏晋时代的"法"，崇尚"二王"的书，在他的极力倡导与实践下，"复古"如一场旋风席卷元代书坛。

我们从赵孟頫的习书历程中不难看出"术业有专攻"这句话的精髓，用一生去做一件事，哪有不成功的道理？宋濂曾说他"羲、献诸帖，凡临数百过"。他的好友吴宽曾经在一天之内的不同地方看到过三本赵孟頫所临《十七帖》，这些是赵孟頫的日课。

一日，"惠风和畅，天朗气清"，同为元代书法家的柳贯去赵孟頫家串门，两个人对着桌上的白纸黑墨就是一番关于书法理论的高谈阔论，彼时柳贯无心说出唐朝的李怀琳和苏灵芝的摹工之深厚无人能及，赵孟頫听了这话自然是不乐意，心说"你这不是摆明了看不起我嘛"，不过他反驳对方的方式是"动手不动口"，只见他拭笔添墨，背临了颜真卿、柳公权、徐浩、李邕等大家的名帖，数帖临完后，与原迹一一比对，不但转折向背与原本神似，而且形神奕奕，甚至不少地方超过原迹。这让柳贯为自己无心之语惭愧的同时也对赵孟頫老成的书法佩服得五体投地。

赵孟頫的楷书精彩，尤其是小楷，更为世人所重。传世小楷代表作有《洛神赋》（北京故宫博物院藏）、《书禊帖源流卷》（台北故宫博物院藏）、《过秦论》《汉及黯传》等。而赵书各体中，成就最高的，估计就要首推他的草书了。他的草书传世之作最多，对后世的影响也最深。譬如他晚年的行书佳作《闲居赋》，用笔温润圆融，笔笔到位，结字秀美妍雅，笔力遒劲，可谓锋势备全，当为生平书法精品。还有他66岁所写《绝交书》，清劲圆润，沉着精到，笔法严谨，体势茂密。除此之外，还有他的传世作品《归去来辞卷》亦可

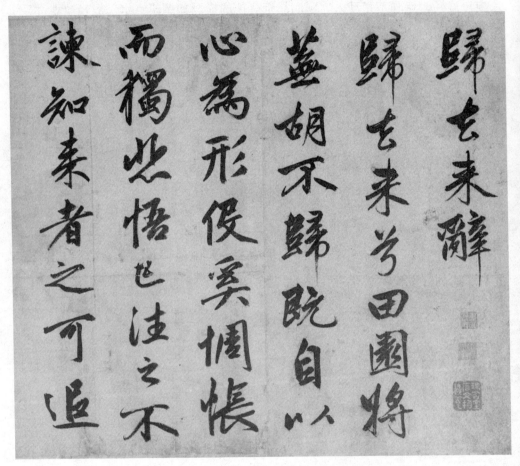

归去来辞卷（局部）

做其代表佳作。

　　纵观这些书卷，赵氏书法，始终透露着遒媚、秀逸之姿。他取法古人，不论师法何家，都会以"中和"的态度取之、变之。在其书艺之中，锺繇之质朴沉稳，王羲之之蕴藉潇洒，王献之之流丽恣肆……皆能够融入笔端，流丽而不落套俗，华美而不缺少骨力，秀逸中吐清气，潇洒中见高雅。王世贞在《弇山堂笔记》就称赞道："上下五百年，纵横一万里，复二王之古，开一代风气"。

　　说了这么多赵孟頫如何才华横溢，如何在书法艺术上登峰造极的话，千万不要以为他在人们眼中的形象似"孔、孟"那般神圣可敬。

　　赵孟頫反反复复的一生也当从他少年时说起。

　　前面提到过，他生于书香门第，帝室之胄，虽说当时大宋王朝的大厦倾颓在即，可他显赫的家室和出身也足以让他富贵荣华受之不尽。不过现实总会跟人开玩笑，俗话说"兵无常势，水无常形"，就在赵孟頫11岁那年，他的父亲去世了。这也似乎昭示他们家族的没落，但宋朝又苟延残喘了几年，借着他父亲生前的功名，全家也是衣食不愁，起初的日子还算欢实。

　　另一方面，蒙古骑兵的铁骑已经把宋朝的国土踏得东零西落了，终于"崖山之战"后，这最后一根稻草重重地覆压在南宋羸弱的脊背上。1279年，南宋最后一个战时宰相陆秀夫在海上背着8岁的小皇帝投海殉国，大宋王朝320年的统治瞬间土崩瓦解。

　　站在现在的角度去看，改朝换代、朝代更迭本来就是弱肉强食适者生存的自然之理，不管历史上是汉人统治还是蒙古人统治，发展到现在都是中国自家人。但是在封建礼教、儒家"仁义"思想盛行的古代却并不是这样，所以在宋灭亡的很长一段时间里出现了许多以文天祥为代表的"守节情不移"的铮铮义士。就拿文天祥来说，从元朝的丞相到皇帝，个个来劝降，可以说是软硬兼施，文天祥却是软硬不吃。最后没办法只好让忽必烈出场，他以近乎装孙子的口气哀求文天祥，要他留下来做宰相，结果可想而知，人家压根儿就不认他这个孙子。忽必烈无计可施，就直接问他到底想要什么？"但求一死！"干脆利落的回答。文天祥最后如愿了，他保住了气节，维护了道义，事实上他才是胜利者。

　　介绍文天祥并不是要说他有多么的伟大，而是我们文章的主人公些方面历来被视为文公的一面镜子，只需一照清浊自现。其实事实也并不是那回事儿呢！

　　在宋朝将亡未亡之际赵孟頫也是满腔热血壮怀激烈，这在其《和姚子敬秋怀二首》中，表现得淋漓尽致："搔首风尘双短鬓，侧身天地一儒冠。中原人物思王猛，江左功名愧谢安。苜蓿秋高戎马健，江湖日短白鸥寒。金尊绿酒无钱共，安得愁中却暂欢。"他恨自己不是两晋时期的王猛、谢安，不能上阵杀敌，报国无门。宋朝灭亡以后的那段艰难岁月赵孟頫是无论如何不会忘记的，妻病、子弱、家亡、国破，甚至那时他连一日三餐都难以维计，历经人生大起大落的他并没有像刘备那样抱着"兴复汉室"的决心在乱世求生存，他骨子里还是有那么一些文弱与知足，既然时不利兮不遂意，倒不如退隐乡间清淡度日。

　　蒙古人建国，定国号为大元。我们大家都知道，蒙古族是马背上的民族，放牧骑射、行军布阵还是很在行的，但是懂得经世济国之道的读书人实在是少得可怜，而且当时为数不少的元朝政府官员都是蒙古人，他们只会逞一时匹夫之勇，有例子足以证明：在蒙古铁骑踏遍亚欧非大陆的时候，他们每每攻下一座城池必然会屠城，即便是你投降了也不行，因为他们要毁掉所有人为的东西，然后在废墟之上撒上草籽发展自己的畜牧业。包括后来占领南宋之后，蒙古贵族也是一锤定音，要把汉人赶尽杀绝，然后把农耕文明游牧化，幸而当时的宰相脱脱据理反对，这才避免了一场浩劫。其实忽必烈也不傻，他明白人才的重要性，但是就当时的情况而言全国上下百废待兴，亟需人才，实行科举取士未免有些"远水解不了近渴"。于是，至元十九年（1283年）忽必烈给了程钜夫一个重要的任务：到南方为国家搜寻遗贤，这个办法远比科举考试来得直接来得经济。这里要提一下的是也就在同年的一月九日，文天祥就义于元大都，而赵孟頫也断然拒绝了程钜夫的盛情。这也是一直让忽必烈头疼的事，宋朝百万雄师都在他的马蹄之下土崩瓦解，可为什么几个文弱书生始终拿不下。于是，至元二十三年（1286年）程钜夫第二次南下，这次不知道小程用的是利诱还是色诱，总之是请到了赵孟頫，我个人觉得用的是后招数，为什么这么说呢？这里面也是有文章的。话说赵孟頫想讨个小老婆，可是他一时无法开口，于是就把心思写在纸上给他老婆管道升看："我为学士，你做夫人；岂不闻王学士有桃叶、桃根，苏学士有朝云、暮云？我便多娶几个吴姬、越女无过分。你年纪已过四旬，只管占住玉堂春。"管道升也是当时有名的才女，她看后，回了首《我侬词》："我侬两个，特煞情多！譬如将一块泥巴，捏一个你，塑一个我。忽然欢喜啊，将它都打破。重新下水，再团再炼再调和，再捏一个你，再塑一个我，那其间，我身子里有了你，你身子里也有了我。"赵孟頫援经引典费尽口舌就为找个"小三"，没想到管夫人也不是吃素的，这样的回答着实让赵孟頫尴尬不已，他也就不敢再提这回事了。事实是不是这样谁也无法考证了，但赵孟頫的一首诗足以证明他仕元之举是情非得已。《罪出》：

在山为远志，出山为小草。古语已云然，见事古不早。

平生独往愿，丘壑寄怀抱。　图书时自娱，野性期自保。

谁令堕尘网，婉转受缠绕。昔为水上鸥，今为笼中鸟。

哀鸣谁复倾，毛羽日摧槁。向非亲友赠，蔬食常不饱。

病妻抱弱子，远去万里道。骨肉生别离，丘垄谁为扫。

愁深无一语，目断南云杳。恸哭悲风来，如何诉穹昊。

总之不管是什么原因，赵孟頫入仕元朝了，这无疑令所有的宋朝遗老大跌眼镜。而一开始，小赵的日子也并不好过。当时的人对"臣心一片磁针石，不指南方誓不休"的文天祥，"难酬蹈海亦英雄"的张世杰、陆秀夫等这些宋朝的烈士大赞有加，而对仕元的汉人，如程钜夫、张伯、乐淳等人，当时的人以及后世并没有把那些带有政治和民族色彩的"气节、人格"之类的词汇用作对他们的评判，唯独是对赵孟頫的入仕不依不饶，舆论铺天盖地而来，而蒙古人也在政治上不断对初入朝野的赵孟頫进行打压排挤，还有更让小赵受不了的是就连他的一些亲戚朋友也躲着他"闭门不肯与见"。

人们对赵孟頫的百般嘲讽与鄙视原因很简单，你身为赵氏后裔，在宗庙易主之后以功名利禄为最高取舍，甘心沦为亡国奴，在自己的敌人面前卑躬屈膝，俯首称臣，连一个外姓人都不如。当时的百姓士儒并没有因为他在艺术层面精深的造诣而原谅他，反而是变本加厉地嘲讽与唾弃，甚至后人评价他的书法都带有严重的"节操歧视"，说他的书法"软滑、流靡""怯弱""无骨气"，骂他的字为"奴书"。明代《张丑管见》说他的字"过为妍媚纤弱，殊乏大节不夺之气"。清代的傅山直接骂他书法如人格一般卑下无骨气。

不过话说回来，骂他也难怪，换成我也会说他两句。在他刚到元朝政府上班的时候有些言论实在是有些荒唐高调。就比如说当忽必烈跟他谈论元灭宋的得失时他竟还说出"往事已非那可说，且将忠直报皇元"，这简直是不知羞耻。同样是赵孟頫，他的另外一首诗简直就是不要脸。在《述太傅丞相伯颜功德》中说到："授钺得人杰，止戈代天工。铁马浮渡江，坐收破竹功。草木纷震动，山川变鸿蒙。地利不复险，金城何足攻。市靡易市忧，兵无血刃红……老稚感再生，遗黎忘困穷。归来一不取，匹马走北风。九域自此一，益见圣世荣。"这是赤裸裸的阿谀奉承啊！把屠杀百姓"血流有声"、灭掉宋朝俘虏宋恭帝谢太后的伯颜吹到了天上，把元军写得多么威武正义，什么"老稚感再生""归来一不取"，事实是"老稚只想死""归去一不留"。赵孟頫满纸谎言，通篇谄媚，把伯颜这个不折不扣的刽子手粉饰成人民"大救星"，自己还一点也不害臊。

转眼间，历史已经跨过七八百年，站在今人的角度去看待赵孟頫，再也不会有那么激烈的言辞，所有的民族、气节，都被宽容的历史所包容，赵孟頫虽有所"失节"，但他无疑也是有远见有作为的艺术家、政治家。元仁宗曾评价他："文学之士，世所难得，如唐李白、宋苏轼，姓名常在人耳目，今朕有赵子昂，与古人何异；帝王苗裔，一也；状貌昳丽，二也；博学多闻知，三也；操履纯正，四也；文词高古，五也；书画绝伦，六也；旁通佛老者，造诣玄微，七也。"可以说在皇帝眼里赵孟頫简直就是完人。其实仁宗的评价也还算公正，毕竟那一些小小的污渍隐没不了他人性的光辉和超群的艺术成就，更何况他入仕元朝也实属无奈。

回顾赵孟頫的一生有两个主线：一个是艺术，一个是政治。诚然，他在艺术上的造诣是无人能及的，尤其是其书法之无人能及，更是成就了他的美名。而政治方面的选择则让他背负了几世骂名，但是他又是真正的君子，他没有在乎那些骂他的人，而是通过自己的努力，用艺术作为攀登仕途的动力，以政治地位的提升来抬高艺术声誉，在新的朝代成就了自己政治和艺术的双赢。

董其昌（1555—1636）
赢得荣誉却难掩恶名的书法大家

观看过很多董其昌的传世书法作品，愈看愈加佩服这位书艺大师，进而想了解这位大师的生平与他的故事，看过之后，却震惊不已。不知你是否与我一样，对于艺术家或者是文化名人都怀有迷信情节。如果是这样，那么董其昌作为一个明代文化名人，他的所作所为一定会令你大跌眼睛。这位大师的人生真相，就像一团迷雾，甚至要比他的艺术更耐人寻味。

在电脑普及的今天，可以这样说，如果让一个人去完整地写一篇作文，可能是极难的，别说写得漂亮了，只让他将需要的字写得不缺胳膊少腿的，就算是万幸了，更好的就不必太奢望了。提笔忘字，是现在社会的一个通病。然而，一个写文章极好的人，差不多都提不起传统的软质毛笔来了。与之形成鲜明对比的是，现如今社会上那些"浪得虚名"的书法家，笔倒是能拿得起，文章这一方面就不行了。写的字呢，又大多是临摹古人的，写的内容又都是古人的文。在今天这一现象特别突出，随便在哪一个书法展览会上，挂得满墙的书法作品，极难找到书家自己的文辞。古代的词，如"大江东去浪淘尽，千古风流人物……"又如"北国风光，千里冰封，万里雪飘……"这些词许多人都是喜欢的，今天你写，明天他写，写来写去全不是自己的内容。那都是古代人或别人的东西，千年之前就已经有人写过了，你再写又有什么用，就算写得再不错，可那毕竟也不能说是你的吧？更多的还有呢，只不过让人心生悲叹：文与书的离异，是到了该复婚的时候了！

在这一点上踯躅脚的，明代的董其昌应属最典型的代表了。16岁的董其昌在他的家乡松江（今天的上海市）参加了府学考试，就是这样一个文笔极好臻于化境的人，却给知府元贞出了一个不大不小的难题。元贞算得上当时的一位耿直之士了，他阅读了董其昌的卷子，深知他的文笔极好，以文才来衡量，董其昌位居第一当真是一锤子敲定的事儿，然而，董其昌写的字真的是太蹩脚了，实在令人不敢恭维，于是元贞极不情愿地将董其昌放在了第二位，将与同场考试的董其昌的侄子董源提在了第一位。董其昌知晓了此事，可真的是受了大刺激，但他心里也明白，明朝的科举考试就是如此，这怨不得府台大人袁元贞。明代以八股文取士，不仅制艺上必须按照破题、承题、起讲等八部分阐明所论，文章还必须以乌黑、方正、光洁的楷书书写，即明朝所推崇的"台阁体"，谁写不成，谁就自认倒霉吧！这种刺激，当真打击了董其昌极强的自尊心，他觉得这是一生都不能磨灭的奇耻大辱，也激发了他临帖、摹帖的动力，在书法上下了一番功夫。

相比6岁就开始学习书法的赵孟頫，董其昌16岁时才开始练习写字，可真是在起跑线上就输给别人一大截。他虽是错过了写字的大好时光，不过他决心下得大，功夫也用得深，尽管练书迟，进步却也是惊人的。这也为他以后谋取功名利禄铺好了坚实的垫脚石。明万历十七年（1589年），进京大考的机会到了，他进士及第，一举成名。供职于翰林院，却也时刻不忘府试之辱，继续习字练书，以谋求更高的职位。习好书，写好文，这成为了董其昌一生仕进的敲门金砖。

董其昌是明末的一位书法艺术大师，同时也是古典帖学传统的最后一位集大成者。在他49岁时，他就广泛搜集晋唐各家的法书，在上面评定题跋，摹刻成《戏鸿堂帖》行世。在当时，书法的传播速度远不如法帖，所以董其昌集晋唐百家自成一派，就因为《戏鸿堂帖》这一法帖的广为传播，使他名声远

戏鸿堂帖（明代拓本）

播，但也使得伪作迭出。在他60岁的时候，他的友人陈继儒就狂言道："巍短褚，购募百金。当其世而目见其声价百倍者，惟公一人而已。"在他68岁的时候，他又先后摹刻了《兰亭集序》《集王圣教序》两部法帖，汇成了《世春堂帖》……众多的法帖形式，在古与今的衔接上，树立起了他承前启后的地位。此后，他每年都要花上一些时间来临写《阁帖》，用自己的笔不遗余力来书写更多的诗文，继续完善他那集大成的新古典主义的大师形象。

董其昌临摹前人的作品，在他67岁之前仍有改造各家融化成自己书法的痕迹。他53岁时所作的《行书临苏、黄、米、蔡帖》卷（现藏于北京故宫博物院），从字相上来看，他既把米芾的风格移植到其他三家之中，其意主要为舍弃苏轼的"偃笔"，减弱黄氏的"伉直露骨"，又减掉了米芾的故作姿态，使蔡京的笔法向米芾靠拢。《行书临米芾天马赋》卷中，同样在米芾的书法体貌中渗入李邕结字的宽博与舒展，融入颜真卿的浑厚与雄奇，消减了米书"云花满眼"的流弊。此帖的特点在于楷书中略有行书笔意，亦掺入些隶书笔意，以壮士般魁伟朴拙的情貌取代了以往美女般秀媚多姿的意态。

董其昌是一个很会做戏的人，他母亲似乎遗传给了他特别敏感的神经，使他对宦海中的沉浮了然于心。对董其昌而言，仕途其实就是做戏而已。想当初他刚入翰林院的时候，恰逢翰林的一位老学士田一俊去世了，这位学士一生清廉，身后萧条，这时董其昌抓住时机，自告奋勇地向皇上自荐，请了几天假，亲自护送田一俊的灵柩，南下千里，送回故土。

临米芾天马赋

　　这样一位大师，虽然在自己的书法上涂抹着靓丽的胭红脂粉，在自己的行为上做戏做得貌似天衣无缝，却终也遮掩不住他的贪鄙横暴、骄奢淫逸。总之一句话：贪婪成性。"膏腴万顷，输税不过三分"，穷小子董其昌手里有了钱有了权，变脸变得那叫一个快，真的是一个恶棍型的无耻之徒。他的私心在膨胀，越膨越涨。先是在松江的老家修建了"来仲楼"，不够，再修建了一座"宝鼎斋"，接二连三又修建了"戏鸿斋"和"香光斋"。怎么会够呢？且看他"四源斋"的斋室里，董源的《潇湘图》《溪山行旅途》《夏山图》《龙宿郊民图》，李思训的《秋江待渡图》《蜀江图》，巨然的《山水图》，李成的《着色山水图》，赵大年的《夏山图》，王蒙的《秋山图》，赵子昂的《洞庭二图》，范宽的《雪山图》……这只是一小部分的名画，还有其他古玩珍宝，不胜罗列。如此，一两个楼宇怎么可能装得下呢？

　　像他这种人，一旦拥有了社会地位，在自己的生活上也愈加不检点起来。妻室众多，却不满足，又招纳众多方士，研究房内之术，一大把年纪了，真是变态至极。董家的儿郎，个个都不是省油的灯，助纣为虐，蛮横无度。

　　万历四十三年（1615年），年纪已过花甲的董其昌，一次偶然见到了儒生陆绍芳的女儿绿英姑娘，就像老鼠见到食物一样，老而浑浊的眼睛瞬时放出了邪恶的光，非要把她娶进门。陆绍芳可不答应！董其昌不死心，辗转反侧，夜不成寐。他的儿子董祖常将此事记在了心上，叫上其他的兄弟，再雇一帮家丁，敲锣打鼓，八抬大轿来到了陆绍芳家里，将如花似玉的绿英姑娘强行抬回了自己家中，与他老爸拜堂成亲。陆绍芳虽为低贱儒生，但饱读诗书，对董家这样强盗似的行为极其愤慨，从此离家出走，逢人便讲。松江一带长久以来饱受董家恶气的民众们，顿时群情激愤，准备向董家讨问。此时恰恰又有人编出来一段说唱，叫作《黑白转》，因为董其昌有个号叫"思白"，而陆绍芳长得又黑。这两个主角在开场的第一回合，就揭示了董家强抢陆家女，非常具有挑战性。唱着唱着就传到了董其昌的耳朵里了。董其昌听后极其恼怒，以为是乡里的另一位穷秀才范昶搞的鬼，于是就派人每天到范昶的家里辱骂逼问。范昶宁死不承认，为了证明自己的清白，就到城隍庙为自己辩白，董家还不放过他，最终竟逼得他暴病而亡。范昶的母亲，白发人送黑发人，在儿子范昶尸骨未寒之际，带领家中一干女眷身穿孝衣到董府讨说法。然而董其昌父子却不收敛，指使家丁将范家女眷拖到了坐化庵里施暴。

如此残暴到发狂的地步，范家的儿子可不会罢休，一封状书告到了官府那里。可是董其昌当时的名声太大了，就连官府都要给三分情面，一直拖着不敢办。官府不敢办，可民众敢，于是，从案发的第二天起，松江的大街小巷文章满天飞，布满街衢，妇女儿童也奔走相告："若要柴米强，先杀董其昌。"人们到处张贴声讨董其昌的大字报和漫画，由于客商的参与，从松江一直贴到了徽州、湖广、川陕、山西等地，甚至连娼妓嫖客的游船上，也有这类文章流传开来，真正到了"怨声载道，穷天罄地"的地步，众人皆骂他是"兽宦""枭孽"。这还不算，过了不久，民众的怨气达到了极点，于是就趁着松江十五行香的机会，不下百万的百姓们集聚在一起，骂声如沸地冲到了董其昌精心修筑的楼宇中，摔打粉碎董其昌的家当和珍藏文物，到最后将董其昌家中的油料一股脑儿地泼在了芦席上，点火将他家烧得片瓦不留。

董其昌差点被吓死，仓皇逃避于苏州、镇江、丹阳、吴兴等地，一时之间如丧家犬般，一直到半年后事情全部平息了才敢回家。

这样一个功成名就并且在书画艺术与文物鉴赏方面都有相当高造诣的文人，最后却成为一个为非作歹的乡间恶霸、书画史上有名的恶棍。

佛中有曰：有漏皆苦。

之所以董其昌成为"恶棍"，原因是由于他的"漏"。他的漏是他的烦恼，他的烦恼则源自于他的贪婪。

后来民间流传着《民抄董宦事实》的文章，作出了详细的记录：

人心谁无公愤。凡我同类，勿作旁观，当念悲狐，毋嫌投鼠，奉行天讨，以快人心。当问其字非颠米，画非痴黄，文章非司马宗门，翰非欧阳班辈，何得傍小人之幸，以滥门名。并数其险如卢杞，富如元载，淫奢如董卓，举动豪横如盗跖流风，又乌得窃君子之声以文巨恶。呜呼！无罪而杀士，已应进诸四夷，戎首而伏诛，尚须枭其三孽。……若再容留，决非世界。公移一到，众鼓齐鸣，期于十日之中，定举四凶之讨。谨檄。

清代学者毛祥麟在其《余墨录》中对董其昌的名声这样评价："文敏居乡，既乖洽比之常，复鲜义方之训，且以莫须有事，种生衅端，人以是为名德累，我直谓其不德矣。"话说，文如其人，字如其人。然而，也有文不如其人，字不如其人者。一个人，即使能笔墨天下，如果是不德之人，恐怕也难以让人尊敬而师其法吧！

文徵明（1470—1559）
温润儒生

　　在明代的书法史中，有一位让人不得不提的书法家，他虽仕途坎坷，但精于小楷，风格温纯精绝，自成一派，文人争相临摹，是继赵孟頫之后又一位开小楷艺术新风的书法家，长期活跃于明朝乃至对后世产生了无尽影响，明末书法家董其昌对其尤为推崇，他就是被明代文坛盟主——王世贞高度赞誉为"天下楷模"，俗称"江南四大才子"之一的文徵明。

　　文徵明，原名璧，字徵明。斋名停云馆。官至翰林待诏，私谥贞献先生。多才艺，学文于吴宽，学书于李应祯，学画于沈周，名声日益显赫，与祝允明、唐寅、徐祯卿并称"吴中四才子"。

　　父亲曾经做过知县，虽说不是什么大官，但文徵明也算是个"官二代"了。不过明朝的官员还是挺清贫的，追根溯源就是开国皇帝朱元璋太抠门了，给官员的俸禄实在太少。据《明史·文徵明传》记载，其父文林为官清廉，以致死后无资敛葬。所以文徵明的生活并不是安逸无忧的，而因为祖父以及父亲的殷殷期望，文徵明受儒家思想影响很深，这也是古代读书人的潮流，出仕才是王道！而父亲文林为了能让文徵明金榜题名，从文徵明5岁就开始让他练字了。虽说文徵明后来在书法上成就特别高，有人称其为"明朝第一"，特别是小楷，"无人能望其项背"。但他小时候确实不是个聪明孩子，并没有特别高的天赋，这一点在他科举路上止步于贡生也可以看出来。但是古人常说"勤能补拙"，文徵明就是属于特别勤奋的那一类。

文嘉叙述其父之书学历程："公少拙于书，经刻意临学，亦规模宋、元。既悟笔意，遂悉弃去，专法晋唐。小楷虽自《黄庭》《乐毅》中来，而温纯精绝、娟秀、和雅的书风，虞、褚而天下弗论也。"

而文林又给他请来众多名师辅导，可以说是"小灶"不断。那么他的科举路到底怎么样呢？

明朝的科举和其他朝代的科举制度最不一样的就是后来使人听之色变的八股文，这个应该是朱元璋以及他的子孙们为天下读书人设置的最难的一道关卡。它最大的一个特色就是文章有很大一部分要使用排比对偶句，大家可以想想，古人不像我们有这么多科目，并且自从明朝朱元璋当家后，尤其推崇朱熹版的四书五经，全国考生们更要从这里面想思路。可以说在那个时候，朱熹老先生的思想被人连做梦都在揣摩。试想一下，考试范围小，考试模式局限于八股文，考试过程漫长（童生—乡试—会试—殿试），而考生只会多不会少（从小考到老的考生不计其数），很难有人从中脱颖而出，这也怪不得古人说，金榜题名那真是祖坟冒青烟了。

而不幸的是，文徵明仅仅止步于会试，按照过童生为秀才、过乡试为举人来说，文徵明已经有做官的资格了，为什么说他不幸呢？从26到54岁，也是人生中最重要的时期，文徵明把它全部奉献给了会试，但都失败了，"状元梦"就此破碎。细说起来，文徵明为科举所作的努力可谓不少，潜心致力于科举，连字体都为了科举倾向于法度严谨。而文林也为了他请来各种名师，例如，在文徵明23岁时，"从学史鉴，且侍赵宽游"，26岁时，"以父命从吴宽游"等，而且在书法方面，还受到岳父李应祯的影响，学宋元的笔法较多，大字有黄庭坚笔意。虽然文徵明为科举投入了大量时间和精力，但是他可不是死读书的"书呆子"，书法绘画一直坚持着，在54岁最后一次会试失败后，他的名气已经渐渐赶上吴宽，逐渐成为吴派的中坚力量。

不过状元没有当上，举人也是有机会做官的。考上举人，三次会试还没有过的，就可以去吏部注册了，等到官员死了或者犯事了，有了空缺，举人也就有机会了。这个时候会把举人们都叫来，站成几排，进行"大挑"。说白了就是吏部官员看谁顺眼就把谁挑出来，这个简单的方法可是让很多举人悔恨爹娘怎么不把自己生得好点。被称为江南四大才子的文徵明肯定不会丑到哪里去，但是已经54岁高龄的文徵明显然已经没有了这个耐心，这个时候"官二代"的好处就发挥出来了，所以文徵明就托关系找人推荐进了翰林院，官拜翰林院待诏，从九品。翰林院其实就是一个搞文化的部门。古时候科举考试，有了名次的人基本上都进了翰林院。他们或为皇帝出谋划策，或写书制典。但这确实是一俸禄少、上升空间也不大的小官。就这样文徵明的做官之路开始了。

不过在1527年，也就是文待诏做官到第四年，他就辞官回乡了。有人说是文徵明受到了排挤，这点是可以理解的，明朝官员俸禄很少，大概是其他朝代同级官员的三分之一，而像文徵明当时已经很有名气，向他求墨的人自然不会少。当官也得吃饭，这在同事眼里那肯定是羡慕嫉妒恨啊。我认为还有很重要的一点就是文徵明对艺术的追求，虽然文徵明的思想以儒为主，出仕的想法一直没有变过，但是在明朝体制僵化、人浮于事的大背景里，身为艺术家的文徵明肯定会把精力继续用来研究已经小有名气的书法和绘画。

文徵明辞官回乡之后，生活明显丰富了很多，他的家乡是今天的苏州。古人常说：上有苏杭，下有天堂。远离政治中心的文徵明把自己的全部精力放到了书法绘画艺术研究之上，声名日渐显赫。书法上与祝允明、王宠并誉为"吴中三家"的文徵明，在当时可谓是"一书难求"啊。

"德尊行成，海宇钦慕，缣素山积，喧溢里门，寸图才出，千临百摹，家藏市售，真赝纵横。"文徵明的墨宝刚完成，就有人抱着"缣素"过来求，家家户户争相临摹，赝品更是不计其数，可是就连文徵明书画的赝品也是千金难求。文徵明虽然以书画为生，以书画会友。但是自戒书画有"三不肯应"，就是不应王侯、宦官和外夷。他宁可将字画低价卖与普通百姓，或免费送给穷书生。达官显贵无论付出多高的价钱也不会答应，不事权贵是文徵明文人性格的一大特征。他还有着一套自己奇怪的思维逻辑，在他有了名声之后，有许多人就请他看自己家的画是真的还是假的。无论真假，文徵明都会回答：真的。有人疑惑，就问他为什么，他回答说：这些人是花了那么多钱买来的画，我若说是假的，他们肯定会因此损失一大笔钱，甚至还可能会影响生计，我又何必为了自己一时的名声，让他们陷入到这种地步呢？事实上，文徵明的这种举措也让造假者钻了很大的空子啊！

文徵明的书法风格和他的人生经历密切相关。尤其擅长小楷的他，早期风格法度严谨，略显死板。这和老师赵孟頫有关。文徵明曾于《跋赵鸥鸟波书唐人授笔要说》中透露出赵孟頫对他的影响，昔赵鸥波曾言："学书之法，先由执笔，点画形似，钩环戈磔之间，心摹手追，然后筋骨风神，可得而见。不则，是不知而作者也。"《跋兰亭序》："曾见赵文敏公所书《兰亭记》，不下数百本，或大或小，虽有不同，而规模位置，未曾少异；其精妙一至于此。偶阅仇实。"

就是说，他的老师赵孟頫要求他，临摹书法时必须要严谨准确，连哪一个笔画在哪一个位置都要一模一样。这在今天看来，就有些死板了，不过文徵明又是个尊师重道的好学生，老师说的肯定严格遵守，勤加练习。

梁巘说："文衡山小楷初学欧，力趋劲健，而板滞之气未能尽脱。"

看来文徵明初期是完完全全按照赵孟頫的路子走的，初期书法风格还不太成熟，没有自己的风格。文徵明19岁时，岁试因书法不佳而置三等。此后越发勤奋，临池不辍，每天都要临帖摹写《千字文》，以每天写十本为标准。十本可不是个小数目，想想别人都在玩耍的时候，文徵明头也不抬地奋笔疾书，这必然有对小楷的热爱和决心啊！并且在给别人回信时，稍有不如意的地方就反复修改，和别人回信就如此"较真"，更不用提平时练字下多少力气了。至于到底是不是每天十遍《千字文》，我们无从考证，可以得到的信息是，当时文徵明为了提高自己的书法，可谓是勤学苦练，下足了功夫，才有了后来越发精纯的书法，不然也不会有80岁还能书写蝇头小楷的创举。

文徵明的小楷，书风遒劲婉丽。他的小楷，以及行书、草书都深得智永禅师的笔法，在大楷方面又以仿黄庭坚尤佳。最让人称道的是他的小楷，可与赵孟頫比肩，甚至在90岁时还能够写蝇头书，人以为仙。他晚年的书法又显得老道起来了，集众家之长自成一派，其盛名远播海内外，对后世的影响那也就可想而知了。文徵明的小楷《千字文》，通篇用笔刚健挺秀，温纯精绝，八面停匀，色相俱足，点画向背，甚为精微，实属其传世小楷中的精品。

文徵明离开官场，无疑是他的艺术家之路的正确选择。由于前期为了适应科举考试而过度注重法度以及后期为官为了誊写公文而趋向于"台阁体"，无一不使文徵明的书法少了些自然圆润，风流舒然。仕途坎坷磨平了文徵明的棱角，渐渐形成了"温纯精绝"的自家风格。

明朝中后期，商品经济得到发展，尤其是江浙一代，由于明朝出仕的不易和官场的黑暗，许多文人觉得，科举并不是唯一的出路，转而精于学术，渐渐地这些为数不少的文人被称为"吴

千字文

天地玄黄　宇宙洪荒　日月盈昃　辰宿列張　寒来暑往　秋收冬藏　閏餘成歲　律呂調陽　雲騰致雨　露結為霜　金生麗水　玉出崑岡　劍號巨闕　珠稱夜光　果珍李柰　菜重芥薑　海鹹河淡　鱗潛羽翔　龍師火帝　鳥官人皇　始制文字　乃服衣裳　推位讓國　有虞陶唐　弔民伐罪　周發殷湯　坐朝問道　垂拱平章　愛育黎首　臣伏戎羌

千字文

派"。文徵明就是里面的佼佼者，书、诗、画无一不精，书法上专精于小楷，离开官场之后，更是对其潜心研究。明代小楷书法首推文徵明，他经常临摹赵孟頫的书帖，书法越发精进。文徵明的小楷成就直接延续了元代赵孟頫小楷高峰的成就和影响。而吴派本身就是一个宽松交流环境，一大堆文人"身怀绝技"，远离官场，使得文徵明更加沉迷于艺术交流之中。当吴门书派的领袖人物祝允明离世后，文徵明凭借崇高的人品以及在文学与书画上的深厚造诣和在当时的极高威望，成为了吴门书派的又一领袖人物。由于文徵明十分善于提携后学、招纳门生，在这样一个平等的交流氛围中，吴中一带再次营造出良好的学术氛围。他的门生较著名者有陈淳、彭年、居节、王稚登、周天球等。

文徵明86岁时，常人都老眼昏花，他还能写蝇头小楷，这除了身体素质较好外，和他的努力也是分不开的，可谓是"活到老，学到老"。《后赤壁赋》就是文徵明86岁时的精品。此时文徵明的小楷越发的精进成熟，已经到了书法风格的成熟期。所出皆为珍品，正如朱和羹《临池心解》所言："明楷以文衡山第一。"

陈日霁说："古来书家，于得名后尚能作蝇头小楷，惟公（文徵明）与吴兴（赵孟頫）耳。"

文徵明的草书也是值得一提的，51岁所作《八月六日书事·秋怀七律诗合卷》（现藏上海博物馆）。从外貌来观，已褪去黄庭坚的狂草形骸，有直逼怀素的神意。与以狂草见长的"江南四大才子之一"的祝枝山相比也不逊色。在此卷末尾，有李登题跋："书家拟仿，虽极品皆可致力，所谓步步趋趋，惟草圣如颠素不可拟仿，何危波以纵逸。而以拟仿，神先乖隔。故能逼真，所谓飘逸绝尘而膛乎其后者也。"此书为文老"盛年时所作，直通颠素。视京兆未足多羡。岂其神情自适，非若拟仿然耶？窃怪此老胡不终世作此种书"……这幅狂草确实堪称神品！

文徵明的草书远远没有他的小楷出名。这个是有一定原因的，当时文徵明对小楷尤其有热情，投入的精力也很多，一心想像赵孟頫一样，创造一个像元代一样的小楷艺术的巅峰，而小楷也远远比草书要适应科举考试的

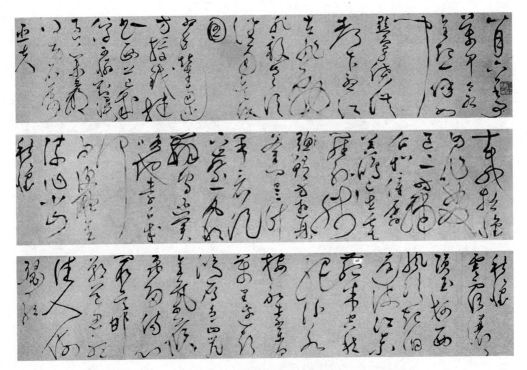

八月六日书事·秋怀七律诗合卷

需要，况且文徵明本身就是一个温润如玉的谦谦君子。正所谓"术业有专攻"，文徵明的小楷艺术的确在明朝到达了巅峰，也引来了文人的争相临摹，成为了明朝书法史上一颗灿烂的"科场遗珠"。

王铎（1592—1652）
苟活乱世，也要过从心的生活

　　自古以来就有"五十知天命，七十从心所欲，不逾矩"之说，这是千古圣人对人生命状态的至高关照。并不是所有人都有福气知天命，生命仿佛有命数，有人不足70为百年，是为遗憾，譬如王铎，这位乱世之中命不假年、祸福多舛的人，享年61岁，生命中就没有从心的福气。然而他的书法却不为生命所囿，管毫在握，肆意挥洒，意象万千，字字从心，艺术生命早已在四五十岁的时候进入到从心的状态了。这又是天意，两种生命的互补，并且，一种生命是另一种生命的延续。

　　生逢乱世，王铎的一生注定没有办法"顺"。崇祯十一年（1638年）秋冬时节，他的两个幼女先后夭亡。他自己也因为不被崇祯皇帝所欣赏，而上书"乞骸骨"，批准后，回到了故乡。年初，父亲逝世，百日未过，母亲也撒手人寰。李自成大军已经打过来了，王铎携老带幼开始四处辗转，但却没有找到落脚之地。逃亡期间，结发之妻马氏病逝，后三妹、幼子、四子接二连三逝世，身心疲惫的他听到李自成攻破了京城，崇祯皇帝自缢煤山那一刻，他希望死去的不是家人，而是自己，活在人世，不仅要遭受亲人离开之痛还要背负亡国之恨。后朱由崧坐上皇位，便马不停蹄地找到了王铎，让他担任东阁大学士。如果不是清军杀到南京城，王铎的"不顺"或许会好些。但是世界上没有如果，王铎投降女真族，背弃了大明王朝！他萎靡地苟活着，是为了一家老小还是为了尚未达到的自己的梦想，在书画上得到更大的造诣？这个问题，谁都没有办法给出准确的答案。"子非鱼，焉知鱼之乐？"我们不是王铎，当然不知道他的每一个决定是为了什么。可是他快乐吗？在清人统治的时期内，他虽然节节高升，但是他快乐吗？我们同样不知道，不久他又"乞骸骨"了。顺治六年（1649年）回到了故乡双槐里。这个时候，他的人生也已经接近终点了。

晚年的王铎，什么功名利禄，什么国家大事，他全然不顾，除了诗文与书画能够聊以自慰，他是非常孤独的。对于艺术的探索，孤独又是那么可贵，常常有意想不到的好处。王铎就是如此，越是到了晚年，他就活得越孤独，他所钟情的书法艺术也越发地老道起来。

王铎的书法风格在中年时期趋于成熟。40岁以前，王铎是以"入古"为主的，而"出新"则是居于次要地位的。40岁以后，通过"入古"，王铎在书法上有了坚实的基础，"出新"则放在了主要的位置。从他44岁给静原亲翁写的行书中我们就可以看出，他的风格已经基本上形成了，不过这个时候，用笔稍微欠些火候，缺少顿挫。到了中晚年，字体的线条节奏感加强了，线条本身的内涵也变得更加精彩丰富，他的书法已经达到了"自化"妙境。每一笔每一画，都有了自己的意识和理解。晚年时期，从他的《薛稷书信禅师碑》和《琅华馆学古帖》中我们看到的则是简单、古拙。这个时候的王铎的笔意已经从熟返生，从巧返拙了。此时的他，用笔凝练，线条刚劲。并不是说此时的王铎不如从前了，而是时间的沉淀岁月的侵蚀消磨了王铎的纵横肆意，他所追求的境界和中年时期相比，也发生了质的变化。他无法冲到第一线为国捐躯，也无法言志，表明自己的节操。愤怒、痛苦、失意等多种负面情绪萦绕在心头，他无处发泄，唯有在书法上找到灵魂的慰藉。相比血气方刚的书法，王铎更适合魏晋的书法，在闲适和自然中寻找一份长久的感情寄托。王铎进入了古人相契神合的境界，革命性和破坏性也已烟消云散。书法本就应该追求与自然的和谐，当情在篇里、意在笔端、品在章内、志在行列时，才能达到古今合一的地步。

王铎在崇古的同时，也很清楚地知道，即使临摹得再好，也终究只是临摹家。但是王铎毕竟是王铎，他十分有胆量，而且还有创新意识，他不止一次在

行书五言诗轴

自己的《拟山园选集〈文丹〉》中公开表明自己的"胆识",如"他人口中嚼过败肉,不堪再嚼!""文要胆。文无胆,动即局促,不能开人不敢开之口""虎跳熊奔,不受羁约"……以此言志!有如此胸怀的人,岂会停在原地?明代书法董派风行,追求柔媚之美,少了一些雄强气概,唯王铎独标风骨,使明朝时期的书坛为之一新,这也使王铎在中国的书法史上占了一席之地。历代书法家中,被称为"神笔"的,除了颠张狂素,就数王铎了!

《行书五言诗轴》作于辛卯春二月,即顺治八年(1651年),是王铎去世前一年所书,内容为十年前的一首五言旧作,纵210厘米,横49.5厘米,绫本。顺治八年前后是王铎书法创作的高峰期,仅以河南美术出版社出版的《王铎书法全集》所收录的作品统计,这一年的一月到三月就有20余幅作品问世,这也导致了当时王铎遭人诟病,你说你不好好当官儿,敷衍了事,主副业不分,净干起副业来了。其实他有着难言之隐。虽然他时任礼部侍郎,官至二品,按照顺治元年俸禄的标准来看,他的年俸再加上他的柴薪银就达到了264.5两之多,这个收入虽然与一品官员有着近百两的差距,但是在当时确实已经相当高了,一名正五品的官员年收入仅96.7两了。可是王铎的家里人多啊,而且晚年时他又体弱多病,常常需要寻医问药,自然日子过得困窘,迫于生活之需作书补贴家用也是必然。另外一个原因,就是王铎在降清后内心充满了压抑,书法成为了王铎排除苦闷的途径,所以在当时求得一幅王铎的书法并不难。设局邀其饮酒，宴中多劝几杯，多烹几个鸡蛋就能够轻而易举地得到一幅王铎的书法作品。当然这类索书必须得自备绢纸，要不然王铎该多划不来啊。

《行书五言诗轴》是为"勉翁刘老公祖"所作。这个刘老公祖是谁呢？直到现在也无从考究，不过既然得到了王铎的如此礼敬，自然不会是等闲之辈，极有可能是一位前朝的遗老。此书体介于行草之间，雅野兼顾，结字狡黠，线条柔韧而不呆滞。通幅写得是笔酣墨畅，大有从心之态。在落款上更是随心所欲。事实上王铎的书法在落款上常常是很随意的，一般的作品往往是正文写完了，再落一个纪年、一个署名就好了。但有些作品却不这样，譬如有些画者兴致高昂之时，往往也会信手拈来，随意挥毫，但参差错落却很有韵味。正如这幅《行书五言诗轴》，随意写来三四行字，乍一看让人不知所云，不知道该如何去读落款，事实上这是王铎在写完两行之后才发现的，上款没有写，而书款的位置就已经很局促了。这该如何是好呢？若将上款的大名挤在窄窄的缝隙里，不仅违背了书款格式，更有失礼数，这可不行！于是王铎急中生智轻轻一挑，把"勉翁刘老公祖"写成了抬头款。如此以来不仅将通轴布局和谐了，又敬了"刘老公祖"，可真得是一箭双雕，皆大欢喜呐。

飞舞着的王铎自然是快活的。在京师之内，呼朋唤友，将与人书法当成了一种结交的手段。有人请他登门写字，自然是要设置酒席，盛款招待的，他一边大吃大喝，一边大写特写，吃完了，桌案的纸也写尽了。据说，王铎在写字时特别爱吃鸡蛋，邀他写字的人煮十个、二十个鸡蛋也不嫌多，写字时，吃得一个都不剩，仿佛是吃了鸡蛋写的字会更加有神一样。

王铎难道是饿死鬼托生的吗？话不免说得有点尖锐了，但事实就是如此。

幼时的王铎，确实挨过不少的饿。祖居双槐里的王家，有记载王铎祖父的兄长，在万历二年（1574年）考上了进士，然而天公不作美，49岁时就死于沉疴。他的祖父王作，也欲打算仕进，却一直没有如愿。到了他父亲王本仁时，虽然耕读传家，但却逢上了晚明时期几近疯狂的土地兼并的风潮，祖上传下来的200亩地，一夜之间就被人争夺构陷到仅剩13亩了。王铎有两个妹妹，四个弟弟，仅靠着黄河岸的那点沙田来养家糊口，根本喂不饱一家人的肚子，贫困到了甚至"不能一日两粥"的地步。"巧妇难为无米之炊"，于是王铎的母亲陈氏就将陪嫁过来的"钏珥链枏鬻之市"，以此补贴家用。当时的境遇毫不加掩饰写在了后人的笔下，"麦稻缺，买糡饼，不能遍诸儿。半儿饱，母略茹藿，则腹饥矣"。慈母怜爱其子，挖野菜充饥，无奈饼少嘴多，喂不饱儿女肚皮，这就是王铎少年时贫寒生活的真实窘态。直到成年时，王铎取得了功名，步入了仕途，仍然念念不忘母亲曾经的话："子勿忘我饼尽腹饥时，女勿忘我钏珥鬻币时也。"

如果说董其昌一派的严谨秀雅之风盛行，那么王铎的书法就是取法高古，与严谨板滞、滑弱无力的书风相抗衡，敢于创新，开时代之书风。在我国书法史上，他是一位杰出的革新人物。年轻时候的王铎就有了反思潮的奇崛胸怀，他最大的成就就是他的豪迈雄伟的行草书。他的行草书，用笔沉着痛快，恣肆狂野，挥洒自如，纵横跌宕，自然出奇，极富有震撼人心的气魄与感染力。林散之称他的草书为"自唐怀素后第一人"。马宗霍也称："明草书，无不纵笔以取势者，觉斯则拟而能敛，故不极势而势如不尽，非力有余者未易语此。"此番赞语并不为过。有人将他的线条同明代的著名草书家祝枝山、徐渭相比较：他的遒劲既与徐渭的粗放有区别，又与祝枝山的生辣有差异，至于董其昌、文徵明则更不在话下。还有，他在结构处理上的意识也非常立异标新，空间切割完全遵循次序观念，有着明显的理性处理效果——在变幻放荡的草书中锤炼出如此有条不紊、如此冷静的效果，实在出人意外又令人佩服不已。如果说张芝、张旭、怀素直到黄庭坚，草书的发展是以笔的丰富顿挫为准矩，在处理结构上一放再放抒泄无遗的话，那么王铎则是对这股一发不可收拾洪流的抑制，他用理性将这匹脱缰的野马笼住了，纵横取势，不落俗套，出新奇于法度之内，收奇效于意象之外。

王铎《草书临古帖轴》，绢本，横55.4厘米，纵201.3厘米，共3行，42字。现藏于烟台市博物馆。这幅作品虽是临作，但对终生浸淫于"二王"的王铎而言，精准的临摹已是其次，除了使文字连绵不绝外，一种对时代的敏感发想倾泄而出，一发不可收拾。日本一位学者说："羲之是只不死鸟！"在王铎的这幅作品中，我们能够重温经典的魅力。大凡学者都会产生这种体会：开始走进帖里很难，最后走出帖外则更难。王铎一面据于古典，另一面又并不失"自由"，走向大胆的写意。

看惯了文徵明与董其昌那些明智宁静的大师技艺的人们，再回眸王铎的作品，就仿如享受悦耳的轻音乐一般。

王铎书法作品的"涨墨"现象绝对是对中国古代书法艺术的一大贡献。古人曾说："字生于墨，墨生于水，水者字之血也。"说得太对了。我们常常会赞美一个书法家，说他"水墨成就""水墨技法""水墨一生"，等等，事实上就是从这位古人得来的。

让我们一起来欣赏一下王铎书法作品的"涨墨"吧！譬如经典的《赠汤若望诗翰》一帖，开头的标题"过访"二字就特别像沙滩上的影像一样，毛笔所濡墨水太饱太浓了，他走笔又太陡太急了，浓重的墨水落在宣纸上，晕化开来，看似将要抱团毁迹了，让人屏着气，凝着神，提心吊胆不忍看时，却发现他的"涨墨"其实并没有损伤字形，反倒是获得了许多意想不到的效果……王铎"涨墨"的流传，我们就要高呼幸运了，王铎的"涨墨"带来的一处处"奇景"，使我们沉浸在喜悦之中……是啊，只要打开他的

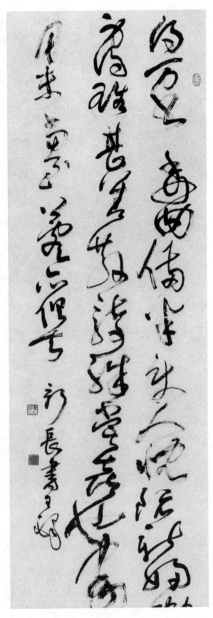

草书临古帖轴

释文：得万书委曲备使人慨阮新妇身得雄甚善散骑殊尝喜也家月末当至上亦俱去太峰老乡丈

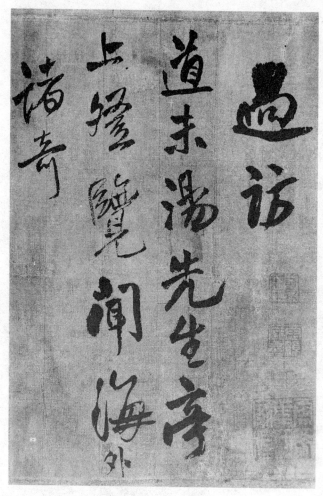

赠汤若望诗翰（局部）

书法，最吸引人的地方，总是那几处他无意而为的"涨墨"迹象了，任凭自然，或浓或淡，不羁不绊，妙不可言……王铎笔墨上的创新是具有开拓性的，他的线条遒劲有力，丰富多变，于不经意的飞腾跳掷中突出独特的个性，时浓时淡，大胆制造出线条与块面的强烈对比，形成跳跃的节奏，不得不说这是他无意中对书法形式夸张的一大功绩！在他以前没有人能够像他那样主动追求"涨墨"的效果。

时代不同，人们的审美观点不同，所以每个时代都有自己的墨法。晋代文人多用淡墨，唐朝和宋朝文人善用浓墨，明清则多用淡墨。浓墨沉酣丰腴、浑厚朴茂、骨力通畅、黑白分明，整体给人的就是雄健，给人一种饱满、有力、亮堂、分明的美学感受。淡墨则是淡雅清逸、空灵的感觉，颇有不食人间烟火之感。适用浓墨较为出名的有苏轼、颜平原、刘墉、康有为等人，淡墨的代表有董其昌、傅山等。然而，王铎对墨法运用独树一帜，他的"涨墨"独具特色，浓墨、淡墨、润墨、渴墨多种墨法，可谓是得心应手，运墨成风。史上尚未有一人能达到王铎用墨的高妙。王铎通过墨的干、湿、浓、淡、白呈现无穷的韵味，而我们也通过王铎用墨的千变万化看到了他的情感流露，他的一笔一画，无不左右着每一位观者的思想情感。王铎的书法，已经从技术的层面上升为道，从美学的范畴演绎为哲学。

拍价节节攀高的王铎书法已经成为藏家竞相寻觅的目标。1996年，他的行书立轴在北京翰海以35.2万成交；1997年草书立轴在北京瀚海卖到了38.5万元，同年，他的楷书在朵云轩以55万元成交；1999年他的行书立轴在朵云轩拍卖至49.5万元。王铎的书法价格可以说是清代书法家中最高的了。近年来，随着艺术市场拍卖活动的日渐火爆，王铎的书法又呈现出惊人的涨势。2011年，他的草书手卷在南京艺兰斋拍到了80万。2002年他的行草立轴被中国嘉德以77万元售出。同年在北京瀚海拍卖会上，他的草书手卷获价55万元，楷书扇面获价6.6万元。在朵云轩拍卖会上，王铎的行草诗文立轴以72万元拍出，他的行书五律立轴获价52万元。2003年，在中国嘉德拍卖会上他的草书五言诗立轴拍价至55万元，另有两件五绝分别以80万元和61万元拍出，还有两件被拍至30万元和22万元。

王铎书法作品的价格扶摇直上。2007年，他的草书诗卷在西泠印社受到了前所未有的追捧，最后以1691.2万元拍出，首次创出突破千万元的佳绩。2010年，王铎的书法《苏水园亭邀饮诗》手卷在北京匡时引发了激烈的竞争，众多买家志在必得，互不相让，最后一位买家以2464万元收入囊中。同年秋季，王铎的《宿江上作诗轴》和《雒州香山作》在北京匡时分别以3696万元和4536万元成交。王铎也擅长绘画，但作品留下来的极少。2000年，在拍卖场上曾有两件作品出现，一件《山水》扇面在中国嘉德拍到了2.2万元，另一件《仿米山水》扇面在北京瀚海以2.4万元卖出。2009年，他的《松鹿图》在西泠印社获价112万元。不少专家预计王铎的书法与绘画作品会继续在海内外市场上走红。

图书在版编目（CIP）数据

古代书法家那些事儿/王迪，蔚广玉著.—郑州：河南美术
出版社，2014.1（2020.6）
（轻松读艺术）
ISBN 978-7-5401-2770-1

Ⅰ.①古… Ⅱ.①王… ②蔚… Ⅲ.①书法家－生平
事迹－中国－古代－通俗读物 Ⅳ.①K825.72-49

中国版本图书馆CIP数据核字（2013）第286851号

轻松读艺术

古代书法家那些事儿

王迪　蔚广玉／著

责任编辑：陈　宁
责任校对：李　娟　张志生
装帧设计：陈　宁　葛文璐
出版发行：河南美术出版社
　　　　　地址：郑州市经五路66号
　　　　　邮政编码：450002
　　　　　电话：（0371）65727637
设计制作：河南金鼎美术设计制作有限公司
印　　刷：三河市同力彩印有限公司
开　　本：787毫米×1092毫米　16开
印　　张：10
字　　数：180千字
版　　次：2014年1月第1版
印　　次：2020年6月第5次印刷
书　　号：ISBN 978-7-5401-2770-1
定　　价：48.00元